Aidir Parizzi

Mar Incógnito

Viagens, Experiências e Descobertas

1ª edição / Porto Alegre-RS / 2021

Capa e projeto gráfico: Marco Cena
Coordenação editorial: Maitê Cena
Produção editorial: Fabiana Piccinin
Revisão: Gaia Revisão Textual
Assessoramento gráfico: André Luis Alt
Todas as fotos do livro são do acervo do autor.

Dados Internacionais de Catalogação na Publicação (CIP)

P234m   Parizzi, Aidir
        Mar incógnito : viagens, experiências e descobertas. / Aidir Parizzi. – Porto Alegre: BesouroBox, 2021.
        244 p. : il. fotog. ; 14 x 21 cm

        ISBN: 978-65-88737-29-3

        1.   Descrições de viagens. 2. Viagens – memórias. I. Título.

CDU 910.4

Bibliotecária responsável Kátia Rosi Possobon CRB10/1782

Direitos de Publicação: © 2021 Edições BesouroBox Ltda.
Copyright © Aidir Parizzi, 2021.

Todos os direitos desta edição reservados à
Edições BesouroBox Ltda.
Rua Brito Peixoto, 224 - CEP: 91030-400
Passo D'Areia - Porto Alegre - RS
Fone: (51) 3337.5620
www.besourobox.com.br

Impresso no Brasil
Fevereiro de 2021.

Aos meus pais Marilia e Aidir.
Em vez de direções, rumos e mapas prontos,
me deram bússola e farol para enxergar
o próximo passo. Tão importantes
quanto a inefável presença, é a
sabedoria e o amor da ausência.

Sumário

Apresentação 9
Mapas e descobertas 11
Origens - A bagagem 14
Origens - Travessias de mais de um século 20
Cremona - Cidade dos violinos 23
      A Luteria 25
Origens - O retorno 28
Florença - Berço do Renascimento 33
Países andinos - A primeira viagem 39
A Escócia, André e Andrew 49
Rússia - O grande urso 57
Moscou - História viva 65
Moscou - A linguagem universal 71
Moscou - O legado cultural 80
Moscou - A experiência pessoal 86
Moscou - Palácios subterrâneos 90
Moscou - Ciência e religião 97
São Petersburgo - Berço da revolução 102
Moscou - O reencontro 108
Ucrânia - Kiev 114
Chornobyl - Zona de exclusão 118
      Usina de Chornobyl 121
      Pripyat 124
Auschwitz - Campos de vazio e escuridão 127
      Auschwitz 129

Belgrado - A cidade branca 134
    Uma mente brilhante 134
    O encontro de dois grandes rios 137
Skopje - Em busca de identidade 139
Indochina - Marcas que seguem vivas 142
    Vietnã 142
    Camboja 145
    Laos 149
Mongólia - A terra de Gengis Khan 151
Cazaquistão - Enorme e desconhecido 156
Nepal - Espiritualidade e sincretismo 160
Brunei - Riqueza e silêncio 165
Jogjacarta - Uma joia javanesa 169
Sri Lanka - Natureza e cultura no antigo Ceilão 172
Fronteiras - Coreias e Chipres 176
Mundo árabe - Catar e Arábia Saudita 182
    Catar 182
    Arábia Saudita 206
Terra Santa 209
A cidade de Deus 213
Via Dolorosa 219
    Monte de Sião 223
    Monte das Oliveiras 223
A paisagem bíblica 225
    Nazaré e a Galileia 225
    Galileia ocidental e Haifa 230
    Bet Guvrin e Cavernas Soreq 232
    Mar Morto e a Fortaleza de Massada 233
    Tel Aviv e Jaffa 235
Mar infinito 237
Agradecimentos 243
Países visitados até a publicação deste livro 244

Apresentação
Martha Medeiros

Desde que começou a assinar uma coluna sobre viagens na Gazeta do Sul, jornal de sua cidade natal (Santa Cruz), Aidir Parizzi, conhecido por muitos como "Gringo", atraiu a atenção dos leitores e editores. Sabia-se que, garoto ainda, havia saído mundo afora ao encontro de seu destino, tornando-se um homem com muitas vivências para contar. Reunir seus textos em livro era só uma questão de tempo.

Elegante e meticuloso com as palavras, Aidir consegue transformar qualquer situação (uma pesquisa sobre sua árvore genealógica na pequena Pieve D´Olmi ou uma bebedeira com amigos em Moscou) em uma experiência não apenas pessoal, mas literária. Seu estilo nos passa tanta segurança que embarcamos facilmente com ele em aventuras por Belgrado, Mongólia, Cazaquistão, Brunei e lugares que nem sabíamos que existia, como Jogjacarta. Qualquer ilha no fim do mundo ganha, no relato de AidirParizzi, relevância histórica e cultural, e ainda alguma consideração filosófica, da qual tanto precisamos para não sucumbir à mesmice dos dias.

"Mar Incógnito" nos leva muito longe. Viajamos nas memórias do autor, no seu conhecimento, na sua cultura e numa emoção genuína que ele não consegue – nem quer – esconder: Aidir coloca a alma e o coração em tudo o que faz. A prova está aqui. Um livro profundo e largo como um oceano, sofisticado em sua aparente simplicidade e que nunca perde o foco da narrativa, provando que nem todos os viajantes vêm ao mundo a passeio, sem saber aonde querem chegar. Aidir sempre soube. Chegou. E algo me diz que não vai parar por aqui.

Mapas e descobertas

"Amor mi mosse, che mi fa parlare"
(Dante Alighieri).

O sol ainda dormia em Lisboa quando entrei na estação de metrô (Parque), a caminho do aeroporto. No silêncio da plataforma vazia, admirava um mapa da época dos descobrimentos, pintado ao longo de toda a extensão da parede de azulejos. Uma carta marítima, sem bordas e limites além da costa portuguesa, com o mar se perdendo no infinito. Sobre aquele oceano azul-escuro, li duas palavras que me pareceram mágicas: *Mare Incognitum*.

Como naquela carta geográfica, os mapas da realidade cultural e filosófica que recebemos estão sempre incompletos. Falta uma referência, uma rota alternativa ou até mesmo algum lugar fundamental. Cabe a nós completá-los, corrigi-los ou simplesmente descartá-los. Outras vezes, nos damos conta de que estão completamente errados, nos fazendo singrar em território desconhecido, quem sabe jamais descrito, restando a alternativa de criar os próprios mapas, ou velejar à deriva.

Viver é navegar em território não cartografado, repleto de risco e incerteza. Ao mesmo tempo, nos apresenta um mar infinito de possibilidades, onde tudo pode existir e acontecer. É um oceano desconhecido, até o momento em que nos desgarramos da segurança da terra firme, quando então passamos a enxergá-lo e descrevê-lo, com seus perigos, encantos e descobertas, sempre ilimitadas enquanto estivermos em movimento.

Nossos rumos estão em constante e acelerada evolução, por rotas cada vez mais fluidas, dinâmicas e complexas. Temos, contudo, faróis e uma bússola, nossos princípios e salvaguarda que devem seguir imutáveis. Equivalente aos clássicos da literatura, a essência permanece, ainda que em algumas ocasiões pareça diluída em constantes transformações. Essas referências vitais, blocos de fundação da natureza humana, por vezes, não figuram nos mapas que recebemos.

Por que, então, escrever sobre essas experiências e descobertas? Para encontrar um refúgio no passado? Para tentar chegar a alguma verdade? Para esquecer algo? Para gravar conhecimentos, pensamentos e entender sentimentos e emoções? O conhecimento sem reflexão sucumbe nas falhas das sinapses, como ondas na rebentação. Da mesma forma, o saber sem amar nos levaria às águas turbulentas do desespero diante de nosso humano e inevitável declínio. Amor e reflexão transformam informação e experiências no vento em sabedoria.

Escrevo na esperança de que seja uma maneira mais organizada e efetiva de transmitir descobertas, permitindo a quem navega que conheça melhor os seus mapas e encontre os tesouros do autoconhecimento. Ao nos entendermos melhor, abrimos as portas para uma relação harmônica com os demais marinheiros e seus mapas, fazendo destinos e paisagens mais deslumbrantes para nós e para os outros. Este parece ser o real propósito da jornada.

Nas tempestades dos períodos de descobrimento, vivemos contrastes, dúvidas filosóficas e sentimentos que assolam a alma. São forças que parecem estar além do nosso controle. Amplificadas em momentos de solidão, nos fazem pensar que esse aprofundamento só causa sofrimento e dor. E assim, nos tentam a desistir, chamando por terra firme.

Não seria sábio sugerir que determinados exemplos ou caminhos devam ser seguidos. Somos nossos próprios timoneiros. Descobertas, como destinos geográficos, são apenas o final de muitas rotas possíveis e inéditas em um mar incógnito. Nossa cartografia, única e inédita, é que nos faz maiores do que nossa frágil e efêmera existência.

Escrevo para Beatrice e Andrew, que diariamente me ensinam novas correntes, mudando minha vida para melhor. Seguem seus próprios caminhos e saberão enxergar muito além das palavras.

Se, ao menos por um segundo, estas águas trouxerem ao leitor algum sentimento ou inspiração, terá ele navegado um pouco em mim, e eu outro tanto nele.

Origens
A bagagem

O Volkswagen Fusca acelerou na longa rampa de acesso ao hospital, na periferia de uma pequena cidade ao sul das Américas. Nasci no extremo sul do Brasil, no estado que faz fronteira com o Uruguai e a Argentina. Como o temperamento parece existir a partir da concepção, imagino que eu tenha me sentido confortável naquela nave que era meu primeiro meio de transporte. Não me refiro ao carro, mas ao ventre que me envolvia. Creio que, desde aquele tempo, a viagem sempre tenha sido mais importante do que o destino.

Como descendente de italianos, e nascido em uma região de imigração predominantemente alemã, o apelido me precedeu. O termo "gringo" surgiu na Espanha, no século XVIII, e é originário de griego, referindo-se a estrangeiros que, por não falarem castelhano, pareciam "falar grego". No sul do Brasil, foi herdado dos argentinos, onde denominava os imigrantes europeus, que eram, em sua vasta maioria, italianos. De forma profética, sentir-se tranquilamente um estrangeiro, mesmo no país natal, incorporou-se prontamente à minha personalidade.

Era o mês de julho, inverno no hemisfério sul. Embora o Brasil seja mais conhecido como um país tropical, naquela parte do país o clima é temperado, com quatro estações definidas e invernos frios, ainda que por um período relativamente curto. Essa brevidade, de 2 a 3 meses, acaba não sendo suficiente para que a maioria das pessoas invista em uma estrutura para o frio. A calefação nas casas é, até hoje, considerada um luxo supérfluo. A baixa temperatura e a alta umidade dos meses de inverno fazem com que, por vezes, se passe mais frio no Rio Grande do Sul do que na Lapônia. Se alguém duvida, consulte as estatísticas de doenças respiratórias de meus conterrâneos gaúchos.

Esse sofrimento gélido, que se repete a cada ano, deixa marcas, não apenas nos brônquios dos rio-grandenses, mas também na personalidade, mais reservada e contida do que a da maioria dos brasileiros. O clima, aliado à localização de fronteira com países de língua espanhola e ao isolamento geográfico do resto do Brasil, fazem com que o povo se sinta um pouco diferente, um pouco deslocado nesta que é a maior nação da América Latina. Um passado de guerras e revoluções também contribui para essa tendência, ou talvez esses conflitos sejam apenas mais uma das consequências desse sentimento de isolamento. Uma dessas revoluções chegou a tornar o estado um país independente por dez anos no século XIX. Embora os reais motivos sejam controversos, para a época, foi uma breve república de vanguarda, em pleno auge da monarquia brasileira.

Ignorando o fato daquelas terras serem habitadas por tribos indígenas, o Tratado de Tordesilhas determinava que os espanhóis fossem os "legítimos" donos da região. Estes, após algumas batalhas com os portugueses, acabaram capitulando. O fato de os primeiros espanhóis que por ali chegaram terem se transformado em jantar de tribos canibais Charruas ou Guenoas, bem como por ser uma região inóspita e sem portos naturais até o Rio da Prata, contribuíram para que a região tenha sobrado para os portugueses sem maiores conflitos. A geografia fez com que essa parte do Brasil imperial fosse muito pouco habitada, por isso, no final do século XIX, uma solução para a escassez de colonizadores na região foi encontrada pelo Imperador Dom Pedro II. Em uma decisão que mudou o destino da região, imigrantes europeus passaram a ser recrutados com suas famílias para habitar o sul do Brasil. Como o primeiro destino era Rio de Janeiro ou Santos, aqueles que não quisessem seguir viagem mais ao sul também serviriam para amenizar a falta de mão de obra causada pelo crepúsculo tardio da escravidão africana no Brasil, o último país das Américas a abolir a escravatura.

A Europa passava por grave crise econômica. O povo passava fome e buscava desesperadamente uma alternativa de vida com menos sofrimento. O Brasil oferecia terras para europeus que quisessem imigrar, e o sonho da América passou a povoar as mentes de italianos e alemães, em busca de algo mais digno para si e suas famílias. Acho importante discorrer sobre esse período para retornar a uma parte importante de minhas origens. Além disso, embora a travessia seja hoje infinitamente mais confortável e rápida, enxergo importantes paralelos entre a experiência dos meus antepassados e a minha própria migração, um século depois, no sentido oposto.

A viagem sobre o Oceano Atlântico não era apenas física, mas também subjetiva e mental. Somente durante o trajeto, imigrantes começavam a entender a dimensão do passo que deram. Vários momentos da travessia eram emblemáticos naquela jornada de 3 a 4 semanas. Cruzar a linha do Equador representava o ponto de não retorno, a passagem definitiva para outro mundo. Ainda que a vontade de chegar ao destino seja enorme, ela traz consigo uma ansiedade atroz. O abandono da terra natal é sempre doloroso e marcado pela saudade, mas tudo isso é superado pela vontade de ser protagonista da própria história, sem se submeter àquilo que, no meu caso particular, a geografia parecia travar ou diminuir intelectualmente. Como meus antepassados, me rendi à inexorável busca de uma sempre inalcançável plenitude.

Na emigração para a América, os mais dispostos a superar dificuldades tomaram esse passo sem retorno. Enviados a uma região desprovida de qualquer estrutura no sul do Brasil, essa disposição se mostrou extremamente necessária. As dificuldades que os aguardavam no novo continente eram enormes, e um pedaço de terra e algumas ferramentas foram os únicos recursos recebidos. Criatividade, persistência e trabalho árduo passaram a ser as regras de sobrevivência. Como motivação adicional, havia também certo rancor em relação à Itália, país que acabara de ser criado e que os havia, de certa forma, negligenciado. O transporte de imigrantes, apesar das condições precárias, se tornou uma das fontes de financiamento da incipiente indústria italiana da época. As remessas dos imigrados para as famílias que ficaram na Europa tiveram, igualmente, papel crucial na construção da Itália atual. As reservas de ouro italianas, por exemplo, triplicaram entre 1896 e 1912.

A viagem já começava com extenuante cansaço provocado pela viagem terrestre até o porto de Gênova. Enquanto emigrantes alemães que saíam de Bremen naquele século eram recebidos no porto de origem com comida, hospedagem e banheiros antes da partida, em Gênova, italianos dormiam pelas calçadas, aguardando a partida de seus navios. Havia italianos que só colocavam uma camisa em dias de festa, e outros que jamais haviam deitado em uma cama de verdade, apesar do esforço diário nas lavouras. Tendo usado cada centavo de suas economias para pagar a viagem, guardavam um pouco do biscoito que recebiam diariamente no navio para ter o que comer em terra firme, caso não encontrassem trabalho. Havia casos de pessoas que dormiam com a cabeça sobre seu único par de sapatos, com temor de serem roubadas durante a noite.

Um relato de uma feroz tempestade que castigava o navio contém o seguinte trecho: "O lugar e as pessoas davam a impressão de serem outros. Naquele momento todas as vaidades, todos os fingimentos caíam por terra, e vinha à tona o animal aterrorizado em toda sua nudez, dominado pelo seu furioso amor à vida. Eram como caras novas, vozes desconhecidas, revelando faces inéditas da sua própria alma". Sei por minha experiência que uma longa viagem na companhia de desconhecidos é como uma breve existência. Relacionamentos nascem, amadurecem e se perdem rapidamente. A certeza da eterna separação na chegada provoca confidências e faz florescer muita sinceridade, mas também exibicionismo e arrogância.

Edmondo de Amicis, um jornalista italiano do final do século XIX, publicou sua obra *Alto-mar (Sull'Oceano)* baseado em sua viagem-experiência de 22 dias em um navio, de Gênova a Buenos Aires. Ele, que viajou em primeira classe, relata as agruras dos imigrantes, em especial da imensa maioria (1.500 ou mais) que viajava na terceira classe. Dizia que o cheiro que vinha dos dormitórios masculinos era de dar pena, considerando que provinha de seres humanos. Os relatos de fatos específicos nos dão uma ideia melhor do ambiente no vapor.

Um parto a bordo era motivo de entretenimento e emoção. Edmondo conta que um pai, em pura alegria e êxtase, exclamava: "Quero me consumir por ti, suar sangue por ti, sangue do meu sangue!" A realidade era essa mesma, a de pais de família que estavam se submetendo a sacrifícios no presente por uma vida melhor aos seus descendentes no futuro. Viagens épicas como essas são como microcosmo de um ciclo de vida. Se bem analisadas, nos ajudam a entender melhor os homens e a vida. Aprende-se que uma pessoa que passa sua existência inundada em maldade e amargura, na realidade, sofre mais do que aquela que faz sofrer. Essas viagens mostram que a maioria dos homens é mais infeliz do que má. Compaixão, sentimento sábio e útil, é a única forma saudável de convivência. Da compaixão nascem sentimentos mais nobres, e dela surge o fio de esperança que faz a vida valer a pena.

Origens
Travessias de mais de um século

Conhecemos pouco sobre nossos antepassados. Não podemos definir exatamente suas características físicas ou descrever suas personalidades. O que sabemos é que eram pessoas especiais. Eles atravessaram o oceano em uma viagem sem volta e trouxeram consigo cada um de nós, seus descendentes, ao novo mundo. Certamente sofreram na viagem, não só pelas condições precárias dos navios de imigrantes, mas, principalmente, pelo aspecto psicológico. Desconheciam o que os esperava naquela terra distante. O sofrimento era, contudo, amenizado pelo item mais importante da sua bagagem: a esperança de criar uma vida nova e dar um futuro melhor a seus filhos e netos.

Em 1779, aconteceu o primeiro movimento migratório da família Parizzi de que se tem conhecimento, ainda dentro da Lombardia: Giovanne Antonio Maria Parizzi saiu de sua cidade natal, Tidolo, para morar em Cá de Gatti, às margens do Rio Pó, que na época era território austríaco. Cerca de um século depois, seu neto Angelo Parizzi, a esposa Rosa Nolli e seus quatro filhos partiram da pequena Cá de Gatti para uma aventura bem mais arrojada, dessa vez rumo ao desconhecido e sem possibilidade de retorno. Meu bisavô Luigi, único filho homem de Rosa e Ângelo, então com 4 anos, foi um dos passageiros nessa audaciosa jornada. Pisaram pela última vez em solo europeu em 1884, no cais do porto de Gênova.

A Itália sofreu o que se poderia chamar de hemorragia humana no final do século XIX, com centenas de milhares de italianos tomando os vapores para a América. Em 1891, já havia 1,5 milhão deles do outro lado do oceano. Nós, descendentes desses imigrantes, não nos criamos no sul da América do Sul. Os filhos e netos desses imigrantes não foram morar no longínquo estado brasileiro do Rio Grande do Sul. Em uma reflexão profunda, esses lugares nem existem. O barro que nos formou é o barro de uma família de imigrantes. É o barro de lugarejos às margens do Rio Pó. O ar que respiramos é o ar gelado da Lombardia, com cheiro de vinho fresco e queijos maturados. Nossos bravos antepassados atravessaram o Atlântico trazendo nas costas esse Velho Mundo, em um navio, e o depositaram na serra de Bento Gonçalves e no planalto do norte gaúcho. Jamais poderemos fazer a travessia que eles fizeram. Isso vale também para a família de minha mãe, de imigrantes alemães e portugueses que se fixaram no Rio de Janeiro, então capital do império brasileiro, de onde mais tarde emigrariam para o sul do Brasil.

Grandes viagens sem retorno como essas praticamente não mais existem. Mesmo assim, as difíceis milhas náuticas que Angelo, Rosa, Luigi e tantos outros fizeram são percorridas também por nós. Todos os dias, estamos vivendo aquela travessia de esperança e amor incondicional.

Cento e onze anos após aquela épica travessia, decidi fazer o caminho de volta à Europa, na primeira de várias mudanças no além-mar. Passei a me interessar mais pelo caminho dos antepassados, não tanto por curiosidade, e sim como agradecimento e homenagem a essas pessoas bravas e trabalhadoras que nos passaram não só o nome, mas, acima de tudo, origens, tradições e um legado de sacrifício e muita determinação.

Cremona
Cidade dos violinos

Uma das únicas informações que eu tinha sobre meus antepassados vinha de meu avô. Os seus avós, Angelo e Rosa, com seu pai, Luigi, ainda criança, teriam vindo da região de Cremona, na Lombardia. Depois de muita pesquisa nos cartórios de Cremona e região, encontrei finalmente a documentação de Luigi Francesco Parizzi em Pieve D'Olmi, uma pequena comunidade de 1.300 habitantes da província de Cremona. A cidade foi fundada pelos Romanos em 218 a.C., inicialmente como uma fortificação militar. Naqueles dias, os soldados romanos levavam consigo suas famílias ou eram autorizados a se casar com nativas das regiões conquistadas. Esse hábito mantinha os soldados felizes e ajudava a disseminar a cultura romana, colonizando novas regiões para o império. Beirando Cremona, o caudaloso Rio Pó separa as regiões da Lombardia, ao norte, da Emília-Romanha, ao sul.

A cidade é hoje mais conhecida como a cidade dos violinos. Ali nasceu e trabalhou Antonio Stradivari, inigualável projetista e construtor de violinos. Com seu antecessor Andrea Amati e, posteriormente, Guarneri del Gesú, formou-se um trio de luthiers cujas obras-primas arrematam hoje dezenas de milhões de dólares em leilões e vendas privadas. Os violinos desses cremonenses são, de longe, os instrumentos musicais mais caros que já existiram. A cidade é famosa também por ter sido residência do poeta Virgílio. Filho de cremonenses, o poeta mantovano estudou e viveu em Cremona poucos anos antes de Cristo nascer. É autor da *Eneida*, obra épica para os romanos. Virgílio influencia a literatura mundial até hoje e foi novamente imortalizado em *A divina comédia* como o guia de Dante Alighieri no inferno e purgatório.

Um contemporâneo de Dante, o imperador do Santo Império Romano Frederick II, fez de Cremona sua residência, em 1240. Além de seu harém, fruto da influência moura, Frederick recebia a visita de poetas, músicos e filósofos, tornando Cremona uma das cidades mais interessantes da Europa daquela época. Em Cremona, o imperador teve um filho ilegítimo, Enzio, que foi seu herdeiro mais fiel e futuro rei da Sardenha. O próprio Dante teve uma passagem por Cremona. Não se sabe por quanto tempo, mas o suficiente para se envolver em uma violenta discussão com Cavalcabó, um dos nobres da cidade. O Palácio Cavalcabó pode ser visitado até hoje. Em 1730, quando nascia por ali o primeiro Parizzi de quem temos conhecimento, a região de Cremona já vivia intensa diversidade de culturas, intercalando governos franceses, espanhóis e austríacos, o que contribuiu para a natureza cosmopolita da cidade.

No âmbito arquitetônico, a cidade toda deriva da belíssima Catedral de Nossa Senhora da Assunção (*Santa Maria Assunta*), ligada por colunas e arcos a um imponente campanário. Por sua marcante envergadura, a torre dos sinos é conhecida como *Il Torrazzo*. Iniciada em 709 e concluída em 1309, foi a construção mais alta da Europa e é hoje a terceira torre de tijolos mais alta do mundo. Como outras torres do gênero, possui uma janela de cada lado na parte mais baixa, duas na seção mais acima, quatro na seguinte etc., característica que serve como antídoto ao efeito de perspectiva, parecendo que a torre se afunila menos com a altura. *Il Torrazzo* possui ainda o maior relógio astronômico do mundo.

Na culinária italiana, Cremona se destaca pelos torrones, pela mostarda de fruta e pela coppa, rival do presunto cru de Parma nas saborosas tábuas italianas de frios. A coppa de Parma é mais doce, e a de Cremona, mais apimentada. A famosa *Mostarda di Cremona* é uma espécie de geleia com frutas inteiras, em uma mistura de um condimentado xarope de glicose e, daí o nome, grãos de mostarda.

A Luteria

Em 1983, a jovem solista soviética Viktoria Mullova estava fazendo algumas apresentações na Finlândia. Viktoria decidiu tomar um táxi e cruzar a fronteira em direção à Suécia, onde oficializou sua fuga do país natal. Com ela, viajavam seguranças da KGB, que, ao notarem sua ausência, foram até seu quarto de hotel. Assim que avistaram o instrumento musical sobre a cama, os agentes se tranquilizaram e, dessa forma, perderam valiosas horas antes de intensificar as buscas. A conclusão inicial era de que a jovem jamais desertaria sem levar consigo aquele valioso instrumento. Tratava-se de um violino Stradivari, pertencente ao governo russo.

Instrumentos antigos têm seu valor associado à pessoa ou família que os construíram. Violinos, em particular, sempre dizem algo sobre quem os toca antes mesmo de produzirem a primeira nota. Nenhum fabricante de violinos, ou de qualquer outro instrumento musical, contudo, invoca maior respeito do que Antonio Stradivari. Quase 300 anos após sua morte, violinos e violoncelos fabricados em sua oficina permanecem como os melhores e mais valiosos instrumentos do mundo.

Stradivari nasceu e viveu em Cremona. Seguindo a tradição de seus antecessores luthiers Andrea Amati e seus filhos, Stradivari viveu quase todos seus 93 anos dedicados à fabricação de instrumentos de corda. Produziu mais de mil violinos, violas, violoncelos, violões e ao menos uma harpa. Não os fazia somente de forma magistral, mas também inovava continuamente na forma e nos detalhes de fabricação. Seus violinos passaram pelas mãos de vários virtuosos ao longo da história e hoje pertencem, predominantemente, a bilionários colecionadores, que às vezes os consignam a violinistas famosos ou a museus. Os preços de mercado dos violinos da melhor fase de Stradivari, conhecida como "Anos de Ouro", atingem hoje até vinte milhões de dólares.

Em Oxford, perto de onde moro, está aquele que é considerado o instrumento musical mais valioso da atualidade: "O Messias", que repousa no Museu Ashmolean, quase em estado de novo. O violino impressiona pelos detalhes, pela harmonia e beleza e foi tocado pouquíssimas vezes em seus mais de 300 anos. Como este, os instrumentos de Stradivari têm nome próprio, e se diz que não têm dono, mas, sim, curadores.

A cidade de Cremona celebra seu filho mais famoso. O espetacular Museu do Violino é recheado de oportunidades para conhecer mais sobre a arte e obra dos famosos luthiers cremonenses, e faz isso de forma interativa e didática. Em uma das salas, conhecida como "o cofre", está o acervo respeitável de instrumentos de Stradivari, Guarneri "del Gesú" e Amati, que são tocados regularmente no moderno auditório adjacente ao museu. Virtuosos de hoje, ao tocarem esses instrumentos raríssimos, parecem libertar as almas de seus fabricantes e de todos os músicos que os antecederam nessa honra.

Cada instrumento carrega consigo muitas histórias, mas nem todas são positivas. Um exemplo marcante refere-se ao violinista italiano Giovane Viotti, que no final do século XVIII tornou-se professor de violino em Londres. Certa vez, um de seus alunos, aristocrata do interior da Inglaterra, trouxe consigo um autêntico Stradivari. Chamado um dia às pressas por seu pai, o aluno deixou o instrumento aos cuidados de Viotti. Mal-intencionado, Viotti decidiu encomendar uma cópia ao luthier londrino John Betts, com a óbvia intenção de ficar com o original. Betts, percebendo a jogada do seu cliente, decidiu produzir duas cópias, que entregou a Viotti. O aluno recebeu uma das cópias assim que retornou a Londres. O professor, à medida que foi tocando sua cópia, percebeu que não se tratava do instrumento original, mas jamais teve a coragem de desafiar John Betts, que manteve o valioso violino original. "Betts" é hoje o nome desse raro instrumento.

Origens
O retorno

Há muitos anos, em uma viagem de trabalho a Parma, procurei nas listas telefônicas locais algum Parizzi na pequena Pieve D'Olmi. Encontrei o nome de Benedetto Parizzi, em um lugarejo próximo, chamado Cá de Gatti. Por telefone, conversei com a Sra. Adele Parizzi, viúva de Benedetto, falecido em 1991. Expliquei que estava de passagem pela região e que gostaria de buscar informações e conhecer melhor os meus antepassados. Notei uma certa desconfiança, o que é natural em uma inesperada chamada como aquela. Sra. Adele me disse que estava muito atarefada naqueles dias e não teria tempo de me encontrar.

De qualquer forma, fui por curiosidade até Pieve D'Olmi e Cá de Gatti no dia seguinte. Estacionei o carro e saí caminhando pela única rua do vilarejo, que deve ter em torno de 25 casas. Não vi ninguém por ali. De repente, uma senhora saiu de uma das casas e veio falar comigo. Perguntou-me se eu era o "Parizzi Americano" e me contou que a

Sra. Adele havia contado aos vizinhos que eu poderia aparecer por ali e que gostaria de me conhecer pessoalmente. Apareceram então mais algumas pessoas, que me levaram em procissão até a casa de número 23 de Cá de Gatti. Fui recebido com surpresa e, principalmente, com carinho e hospitalidade. O nervosismo inicial logo se transformou em uma animada conversa de várias horas, recheada de histórias da família e da região.

Na visita seguinte a Parma, voltei a Pieve D'Olmi e à Igreja de San Geminiano, sede da paróquia local, para pesquisar os documentos da família. Como a Itália não existia como país unificado até 1861, os únicos registros de nascimento, matrimônio e óbito eram feitos pela Igreja Católica, em Latim. O pároco, Don Emilio, foi bastante atencioso e me deixou pesquisar em todos os livros da paróquia. Aqueles registros, datados a partir de 1515, estavam abandonados em um empoeirado armário. Fiz fotografias de todos os documentos que continham o sobrenome Parizzi, somando mais de 300 registros de nascimento e casamento. Nos dias que se seguiram, passei várias noites em claro para resolver aquele quebra-cabeças genealógico. Conectei mais de 100 antepassados, em vários grupos familiares, desde a primeira metade do século XVIII até 1884, o ano da imigração de meu bisavô para o Novo Mundo.

Meus pais são pessoas de origens diferentes, realidades diferentes, famílias diametralmente opostas em muitos aspectos. Eles são meu maior exemplo de que, da diversidade, pode surgir uma fonte inesgotável de amor, cumplicidade e doação mútua. Tive a graça de ter sido criado enxergando a família como um círculo indissolúvel e refúgio disponível em todos os momentos. Esse círculo nasceu do sonho deles, um sonho de duas pessoas que formaram uma família desde o dia que se viram pela primeira vez. A semente contém toda a planta, e esta é a verdadeira máquina do tempo: os filhos estarem presentes naquela união, amados e protegidos, muito antes de existirem. Como pai, hoje entendo melhor o sentido desse desprendimento e o significado de amar os filhos bem antes de terem nascido.

Retorno assim ao ano do meu nascimento. O início dos anos 1970 foi de feridas profundas na América do Sul. Além do Brasil e da Argentina, os militares expandiam seu reino de sombras sobre o Chile e o Uruguai. Aumentavam os desaparecimentos políticos, e a ditadura se jactava do ilusório milagre econômico. Misturei minha história com a de meus antepassados e suas origens porque resumi-la somente à minha existência seria pretensioso e incompleto. Iniciei pelos que me precederam, não por simples laço sanguíneo ou por supor que a genética seja motivo real de orgulho. O faço por reconhecer a influência que avós, pais, irmãos e, em alguns casos, outros parentes têm na formação de nossa personalidade. A forma que vemos o mundo vem da nossa formação familiar e de nossas experiências, que, como uma bagagem, nos acompanham em toda a jornada.

"Vou ficar nesta cidade, não vou voltar pro sertão [...]". Belchior, nascido no sertão cearense, expressou bem esse sentimento de inadequação à sua terra de origem. Sabia que retornar não faria bem à sua alma. Eu sinto saudades da pacata cidade em que nasci e onde passei a infância e a adolescência. Contudo, esse lugar, da forma que eu vivi, não mais existe, a não ser na memória. Lembranças da vida em casa, na escola, de caminhar à noite, na chuva, sem destino, falando sobre o que aflorava naquela realidade, com os amigos, alguma namorada ou comigo. Essa vida latente é fascinante quando sabemos que, em cada instante, temos dentro de nós todo o potencial do que viveremos no futuro. É claro que essa perspectiva fica bem mais clara quando olhamos para o passado, mas é saudável tê-la conosco, sempre que possível, também no presente. É prova de nossa fragilidade, impotência e das incertezas que temos em relação ao futuro. Paradoxalmente, descortina o poder de transformar nossa vida e a de outros.

Há muitos anos, assisti a um filme, em um longo voo da Coreia do Sul aos Estados Unidos: *When did you last see your father* (Quando você viu seu pai pela última vez). O filme me marcou pelo enredo profundo e pelo assunto-chave de que trata: a relação entre pai e filho. Mostra um relacionamento delicado, sempre à beira do colapso, mas sempre intenso e carregado de emoção. A vida do personagem interpretado pelo ator Hugh Grant fica marcada por essa relação de forma indelével. Completamente diferente da minha experiência pessoal, esse filme mostra um pai imperfeito, de forma até grave. Um pai que não expressa afeto, a não ser em um único momento, isolado, simples e marcante, quando o filho decide partir para estudar longe dali. Um táxi o aguarda para levá-lo à estação. O pai o abraça na frente de casa e, com lágrimas nos olhos, diz que vai sentir muito sua falta. Surpreso, o filho fica mudo e parte. A resposta vem muitos anos depois, pronunciada naquele mesmo local, diante do portão da casa: "Eu também pai". O pai já havia falecido, e uma espécie de abraço sobrenatural envolve os dois. Como se aquele abraço real de muitos anos antes tivesse sido eterno. E foi.

Quando vi meu pai? Muitas vezes. Quando olhei nos seus olhos, não aqueles verdes e carismáticos que todos veem, mas nos olhos que mostram a alma. Todos os momentos estão guardados dentro de mim. Momentos aparentemente simples, mas que por trás de nossas conversas sobre engenharia, negócios, viagens, futebol e outros assuntos mostram as pessoas como elas realmente são. Algumas dessas cenas reaparecem na minha mente de repente. Como no dia em que, com muita fome em uma excursão da escola, eu havia esquecido de trazer meu almoço. De repente avistei-o de longe, me trazendo um *spaghetti* preparado carinhosamente por minha mãe. Ou como no dia que o vi chorar quando meu avô Pacifico faleceu. Ele percebeu que eu estava impressionado e, de forma simples e para mim profunda, me disse que chorava porque estava muito triste.

Pessoas que estão nas memórias umas das outras e dividiram o mesmo seio familiar não precisam de palavras para estarem conectadas. Com meu pai e minha mãe, aprendi que o que faz homens e mulheres plenos não é a frieza ou o controle emocional, mas, sim, a integridade, o respeito por todos, a atitude diante de dificuldades e o amor incondicional pela família. É nos exemplos de meus pais e dos que vieram antes deles que enxergo minha verdadeira origem.

Florença
Berço do Renascimento

Quando li pela primeira vez *A divina comédia*, trilogia que percorre inferno, purgatório e paraíso, não entendi várias coisas nos versos escritos em italiano arcaico por Dante Alighieri, mas fiquei profundamente impressionado com o relato poético do autor a respeito de sua musa e eterna inspiração, Beatrice Portinari. Na realidade, Dante só a viu poucas vezes, em encontros casuais, e, possivelmente, nunca tenha falado com ela. Mesmo assim, ele a chamava de "mulher gloriosa" e via nesse amor platônico uma força do bem, que remove qualquer intenção maligna e que fazia dele uma pessoa melhor. Desde aquela época pensei que, se um dia eu tivesse uma filha, gostaria que se chamasse Beatrice.

O escritor florentino reforça a tese de que o amor permanente só existe baseado na força divina e, sem essa sacralização, tende a se tornar uma mera mistura de admiração, obsessão, desgosto, deslumbramento e desespero. Beatrice

Portinari morreu cedo, aos 24 anos, mas seguiu sendo a eterna musa inspiradora deste que é o pai da língua italiana.

Em Florença, caminho com minha filha por uma viela estreita até a pequena igreja de Santa Margherita dei Cerchi, o local em que Beatrice Portinari rezava e onde foi sepultada, a poucos metros da casa de Dante. Dali seguimos de mãos dadas até a Basílica de Santa Cruz, onde entre os túmulos de Galileu, Michelangelo, Rossini e Maquiavel, um belo monumento homenageia este que é o poeta maior da Itália. Em *A divina comédia*, Beatrice é elevada à condição de divindade, e a única descrição de seu rosto refere-se aos olhos de esmeralda. Sete séculos depois, olhos de esmeralda também podem descrever minha pequena Beatrice.

Se eu tivesse que sugerir a alguém um único local no mundo para conhecer, não precisaria pensar nem por um segundo. Definir uma cidade como bela, interessante ou marcante é algo muito relativo e pessoal. Beleza e valor têm sempre a dimensão do sentimento que foi ali vivido. Destinos comuns podem se tornar um paraíso, e paisagens espetaculares podem significar dor e sofrimento. Dito isso, na minha opinião, que é igualmente relativa e pessoal, Florença mereceria ser unanimidade.

Fundada por Júlio César em 59 a.C., a cidade e seu entorno representam possivelmente o ápice da cultura artística atingida pela humanidade. O Renascimento, centrado em Florença entre 1450 e 1527, não foi somente um ressurgimento da cultura clássica de Roma e Grécia. Os renascentistas criaram algo inusitado, mais humano e naturalista, em uma amálgama bem mais abrangente. Como uma tempestade perfeita, o período trouxe todas as influências culturais e políticas existentes na época a essa antiga república, que já foi a capital do Reino da Itália e hoje é a principal cidade da região da Toscana.

Leonardo se beneficiou da cultura científica moura em seus tratados de ótica, engenharia e medicina, com óbvios paralelos com o conhecimento originário de Alexandria. As rotas abertas por Gengis Khan haviam trazido do Oriente invenções chinesas, sabedoria indiana e arte persa. O destino dessas artérias de conhecimento e sabedoria convergiam na Europa, mais especificamente na rica República Florentina dos séculos XV e XVI. Que outra cidade no mundo teve contemporâneos, dentre outros, do peso de Da Vinci, Michelangelo, Maquiavel, Botticelli, Donatello?

Outro cidadão de Florença com quem de certa forma convivemos diariamente é Américo Vespúcio, que nasceu durante o mesmo período e foi colega de classe de Nicolau Maquiavel, o precursor do pensamento político moderno. Américo pisou pela primeira vez no Novo Continente cinco anos após a chegada de Cristóvão Colombo e aportou no Brasil pouco tempo depois de Cabral. Colombo era pouco letrado. Diz-se que saiu da Europa sem saber exatamente para onde estava indo e, ao retornar, não sabia bem onde tinha estado. Américo, que por sua vez era culto, perspicaz e conectado aos poderosos bancos florentinos, produziu a primeira descrição efetiva do Novo Continente para os europeus. Por isso, as autoridades da época decidiram colocar seu nome nessa vasta região do planeta. A América, que talvez por direito deveria se chamar Colômbia, iniciou seu período pós-descobrimento eternizando o florentino por sua astúcia.

É claro que todas essas realizações artísticas e políticas em uma pequena cidade da península itálica não seriam possíveis sem ter por trás uma forte concentração de dinheiro e poder. Lorenzo di Medici era conhecido como o mais poderoso mentor político e cultural da Idade Média. Era o chefe da família mais poderosa da Itália, de onde saíram banqueiros, dois papas e os principais mecenas, financiadores da arte no Renascimento. Colada à Basílica de São Lourenço, em Florença, está a Capela Medici, o mausoléu da família. Ali, é impossível não ficar boquiaberto com a arquitetura e as magistrais esculturas de Michelangelo Buonarroti, que projetou até mesmo as escadas do local.

O ponto mais conhecido da cidade é a Catedral de Santa Maria del Fiore, conhecida como Il Duomo. Sua cúpula, construída há 600 anos pelo arquiteto Filippo Brunelleschi, ainda é a maior do mundo construída de tijolos. O campanário de Giotto e o Batistério de São João, com a espetacular obra "Os portões do paraíso", de Lorenzo Ghiberti, fecham o magnífico conjunto. Perto dali, a poucos metros da principal estação ferroviária, a Basílica de Santa Maria Novella e seus afrescos, por si só, valem a visita à cidade. O Rio Arno corta a cidade antiga. De todas as suas pontes, a milenar Ponte Velha (Ponte Vecchio) se sobressai, construída sobre pilares inovadores dos etruscos. Ao longo dela, corredores elevados conduziam os Medici de seu centro administrativo, hoje Museu Uffizi, até a residência da família, o Palazzo Pitti.

Florença tem dezenas de museus de arte e história, todos a poucos passos um do outro. O Museu da Academia de Belas Artes se destaca pelas esculturas de Michelangelo, em particular o "Davi", que foi substituído por uma cópia em seu local original, em frente ao Palazzo Vecchio. A Galleria degli Uffizi guarda uma das maiores coleções de arte do mundo, incluindo sua pintura mais famosa, "O nascimento de Vênus". Por curiosidade, nessa pintura, Simonetta Vespúcio, prima de Américo, serviu de modelo para o pintor Sandro Botticelli. O Museu Bargello também se dedica a esculturas, incluindo o Davi de Donatello, que, sendo a primeira escultura de um nu, marca o início do humanismo do Renascimento. O Museu de História da Ciência, além de um espetacular acervo, guarda um dos dedos de Galileu Galilei, arrancado antes de seu sepultamento em Florença. Dezenas de outros museus, teatros, templos e construções históricas também merecem, ou melhor, exigem uma visita.

Quase sempre a trabalho, estive em Florença dezenas de vezes, e sempre que possível arrumo algumas horas para conhecer algum novo local da cidade, que parece fonte inesgotável de cultura e história. Em uma das últimas passagens, enquanto hordas de turistas se concentravam em torno das famosas esculturas dos mestres renascentistas na praça principal de Florença (Piazza della Signoria), caminhei até uma parte mais vazia da praça, quase em frente ao imponente Palazzo Vecchio. Eu procurava um disco metálico encrustado no calçamento medieval, marcando o local de duas fogueiras históricas.

No final do século XV, um carismático e populista líder religioso, Frei Girolamo Savonarola, fazia discursos agressivos contra a corrupção e o sistema vigente na república, então capitaneada pela Família Medici. Com o tempo, ele convenceu grande parte do povo da cidade de que era preciso manifestar seu protesto queimando obras de arte, livros raros, esculturas e outros instrumentos que, na opinião dele, eram diabólicos. As pessoas que o seguiam cegamente alimentavam essas "fogueiras das vaidades" com pinturas, algumas de Botticelli, livros raros de autores como Dante e Boccaccio e outras obras de arte que queimaram naquele exato ponto da praça.

Segundo seu contemporâneo Maquiavel, Savonarola era incompetente e mal preparado para governar. Mesmo assim, em 1497, ele se tornou o líder *de facto*, com o apoio da maioria dos florentinos. O que se seguiu foi a maior perseguição moral e destruição da cultura que o berço do Renascimento assistiu. O povo foi gradualmente se dando conta do erro monstruoso que havia feito, e no final o Papa Alexandre VI se voltou contra Savonarola e o excomungou. Pouco tempo depois, outra fogueira ardia sobre aquele mesmo local da praça. Queimava o próprio Savonarola e alguns de seus comparsas. As obras de arte e os livros jamais foram recuperados.

Outro líder carismático italiano, Benito Mussolini, teve trajetória parecida e destino semelhante, executado por uma revolta popular em 1945. O ditador eternizou o termo "fascista" para práticas como as dele e de Savonarola. Os homens são ciclicamente influenciáveis, por medo de falsos fantasmas, ou pela esperança em algum salvador de seus próprios interesses. Não se pode, contudo, enganar a todos por muito tempo. Só é uma pena que as perdas às quais o próprio povo se submete são, muitas vezes, irreparáveis.

Países andinos
A primeira viagem

Corumbá, janeiro de 1991. Atravessei a pé a confusa fronteira do Brasil com a Bolívia, depois de 3 dias de viagem de ônibus por território brasileiro. Alguns dias antes, saí do improvisado consulado boliviano, em um apartamento no centro de Porto Alegre. Foi meu primeiro visto, carimbado naquele primeiro passaporte. A fronteira tinha uma espécie de cancela, que estava aberta, mas não havia guardas ou agentes de imigração, e as pessoas iam e vinham normalmente. Trezentos metros dentro da Bolívia, a caminho da cidade mais próxima, Quijarro, fiquei intrigado e resolvi voltar até a pequena guarita na fronteira, onde guardas bolivianos me avisaram que eu estaria ilegal sem o carimbo de entrada. Já foi um sinal de que aquela viagem não seria um passeio no parque e de que fronteiras são sempre locais imprevisíveis em qualquer país, mais ainda na América Latina.

Com 19 anos, era minha primeira jornada internacional planejada e executada por conta própria. Dois amigos me acompanhavam, e eu havia planejado o que era possível. Na realidade, quase tudo era incerto, exceto o destino: as ruínas da cidade inca de Machu Picchu, no Peru.

Bem cedo, estávamos na fila da bilheteria da estação ferroviária de Quijarro. Sem estradas trafegáveis, a única forma de chegar a Santa Cruz de la Sierra era o chamado *tren de la muerte*. Após mais de 7 horas de atraso, o comboio da Empresa Nacional de Ferrocarriles Bolivia finalmente chegou a Quijarro. Já cansados, embarcamos naquele primeiro trecho internacional da viagem. O que se seguiu foram mais de 20 cansativas e interessantes horas de viagem para percorrer 640 km, incluindo várias paradas forçadas pelo descarrilamento de algum vagão. Em cada incidente, alguém subia em um poste para conectar um telefone às catenárias que seguiam paralelas aos trilhos. Uma locomotiva vinha nos socorrer em seguida. O clima no trem era bastante divertido, e fomos conhecendo muita gente interessante. Na viagem, se formaram grupos de turistas que seguiriam viagem até o Peru.

Inúmeras paradas mais adiante, chegamos à abafada e movimentada cidade de Santa Cruz de la Sierra. Após uma rápida visita, partimos novamente em um ônibus até a agradável e bela Cochabamba, na escalada dos Andes. Depois de várias noites maldormidas e sem deitar em uma cama de verdade, a estada na pequena Casa de Huéspedes San Martín foi muito bem-vinda. Sobre a mesa do café da manhã, o jornal local anunciava o início da primeira Guerra do Golfo. A invasão do Kuwait pelo Iraque de Saddam Hussein abria aquele conflito que duraria muitos anos, com dois capítulos de batalhas em um sofrido país, que, por sorte, ou azar, está sentado sobre uma das maiores reservas de petróleo do mundo. A represália dos Estados Unidos de George Bush Sênior, motivada pelo ouro negro, só acabaria de vez mais de dez anos depois. Com Bush filho no comando, o novo ataque não perdoou o regime do ditador Saddam Hussein, que acabou grotescamente executado em 2003.

Na paz da cordilheira, seguimos viagem até a capital mais alta do mundo. Sede do governo boliviano (a capital constitucional é Sucre), a imensa Nuestra Señora de La Paz, ou simplesmente La Paz, fica a mais de 3.800 metros, no altiplano andino. A viagem de ônibus até aquela altitude não foi suficiente para a aclimatação. No antigo e baratíssimo hotel no qual nos hospedamos, subi as escadas rapidamente. Lá pelo terceiro andar, tudo ficou branco e só consegui alcançar um sofá, onde me agarrei, antes de desmaiar por alguns segundos. A falta de oxigênio que faz nariz e ouvidos sangrarem só foi amenizada pelas folhas de coca, que passei a mascar constantemente.

O problema se agravou quando subimos até a estação de esqui mais alta do mundo, na montanha Chacaltaya, a 5.375 metros acima do nível do mar. Na íngreme subida, o táxi, caindo aos pedaços, precisava parar a cada quilômetro. A cada anúncio de *calientó la bomba!*, o motorista parava para juntar neve da beira da estrada, arrefecendo o radiador e a bomba de combustível. Na chegada, após alguns passos, o cansaço, a dor de cabeça e o sangramento reapareceram. Gradualmente, meus glóbulos vermelhos se aceleraram na rede sanguínea e fui me adaptando ao ar rarefeito.

No dia seguinte, visitamos o belo Valle de la Luna, uma interessante região nos arredores de La Paz que lembra a paisagem lunar. A erosão esculpiu torres nas multicoloridas montanhas. A espetacular paisagem desértica da cordilheira e o povo humilde de La Paz deixaram inesquecível e feliz lembrança. Meu último destino em solo boliviano foi Copacabana, simpática cidade às margens do vasto e lindo Lago Titicaca.

O lago navegável mais alto do mundo fica a 3.812 metros acima do nível do mar, com profundidade de até 280 metros. O nome significa lugar luminoso, na língua indígena. No início do século XVII, havia um comércio intenso de escravos entre o Rio de Janeiro e as regiões de exploração de prata do Peru e da Bolívia. Esse intercâmbio criou uma devoção à Nossa Senhora de Copacabana, que era ali venerada. De volta ao Rio de Janeiro, uma capela em homenagem à virgem foi construída, posteriormente, dando nome ao bairro mais famoso da cidade maravilhosa. Na cidade, lembro-me bem do contato com crianças locais, que brincavam alegremente conosco na praça em frente à bela Basílica de Nuestra Señora de Copacabana. Dostoiévski escreveu que a alma se cura quando estamos com as crianças, e é assim que me sinto na presença da alegria, pureza e esperança que as crianças sempre carregam.

Seguimos em um rudimentar ônibus até a cidade peruana de Puno, não sem antes ter que atravessar, novamente a pé, a fronteira da Bolívia com o Peru. Burocracias à parte, cruzar fronteiras é também uma emoção que indica mudança, novidade e, para mim, aprendizado de novos povos e culturas. No caminho, paramos em alguns mercados típicos, locais animados e coloridos onde se vende de tudo, provavelmente da mesma forma, e com produtos similares aos comercializados um século antes. Desde ali, passei a gostar de visitar mercados públicos, pois eles representam a alma de uma cidade e sempre uma oportunidade de interagir de forma natural com as pessoas e a cultura local.

    A civilização Uro vive há pelo menos 500 anos em ilhas flutuantes sobre o Lago Titicaca, próximas à margem peruana do lago, em Puno. Nessas mais de cem ilhas artificiais, as casas, escolas, barcos, torres de observação e, é claro, a própria ilha, são feitos de um junco chamado totora. Parte desse junco serve como alimento para os Uros. As ilhas serviam, principalmente, como mecanismo de defesa, flutuando para longe do inimigo sempre que necessário. As raízes da totora sustentam a ilha, com novas plantações substituindo a camada inferior que apodrece rapidamente na água. Novamente, fico fascinado pela alegria das crianças e pelo isolamento daquele povo. Nesse caso, um isolamento mais libertador do que alienante. O Império Inca, do qual lembramos mais pela opressão que sofreu dos espanhóis, oprimiu os Uros antes dos descobrimentos, em alguns casos escravizando sua população, cobrando impostos e extinguindo sua língua original. Como podemos perceber, a história das civilizações tem pouquíssimos inocentes.

    Um trem nos levou de Puno até a cidade histórica de Cusco, capital do antigo Império Inca. Hospedamo-nos em um hotel antigo, porém confortável. O quarto em que fiquei tinha dezenas de camas, e a diária por pessoa era bastante baixa, cerca de 3 dólares americanos. Depois de muito tempo dormindo desconfortavelmente em trens e ônibus, a cama passa a ser um intenso objeto de desejo. A falta de privacidade da hospedaria, os cheiros muitas vezes desagradáveis e a sinfonia de roncos e outros ruídos deixam de ser um problema quando o que mais queremos é dormir em uma posição horizontal.

Cusco é uma cidade incrível, com muita história, arte e cultura. As igrejas, praças e construções dos espanhóis estão, em boa parte, por cima de impecáveis fundações de palácios incas. Sob as belas igrejas de estilo barroco, ainda se vê as pedras alinhadas, sem junta alguma, as janelas que formam paralelogramos perfeitos e outros vestígios de uma civilização pré-colombiana muito avançada em arquitetura, arte, métodos de agricultura vertical e organização da sociedade. É uma pena que, por nunca ter adquirido a tradição escrita, pouco se sabe sobre o grande Império Inca. Os registros e a informação eram guardados em arranjos de nós, que aparentemente não podem mais ser decifrados. A tradição oral ainda persiste, parte história e parte lenda, contando a saga do povo inca desde seu fundador, Manco Capac, até o massacre pelos espanhóis no século XVI.

Em 1532, diante da recusa do imperador Ataualpa em aceitar a submissão ao reino de Carlos I da Espanha e se converter ao catolicismo, os espanhóis realizaram seu ataque final e sequestraram Ataualpa, forçando os incas a cumprir suas demandas. O líder inca ofereceu entregar ouro suficiente para encher a sala onde estava preso e o dobro dessa quantidade em prata. Seus súditos cumpriram a promessa, mas foram enganados por Francisco Pizarro e seus comparsas. Sob falsas acusações, Ataualpa foi executado no garrote em agosto de 1533.

Nos anos que se seguiram, o último imperador inca, Tupac Amaru, viu seu povo rapidamente fragilizado pelo sarampo, pela catapora e difteria trazidos na esteira dos invasores europeus. Tupac Amaru também acabou capturado e torturado. Naquela mesma Praça de Armas em Cusco, foi forçado a presenciar a execução de sua esposa, seu filho e outros parentes antes de ser decapitado e esquartejado, em 1572. O Estado Inca estava oficialmente exterminado, colocando mais uma das incontáveis máculas na alma dos ditos conquistadores do Velho Mundo.

A língua quéchua, as tradições religiosas como o culto à Terra (*pachamama*), técnicas de produção têxtil, de cerâmica e agricultura, com o milho como base alimentar, ainda permanecem como herança dos incas. Quanto ao ouro e à prata que brilhavam naquela região, hoje decoram palácios e igrejas do outro lado do Atlântico.

Os arredores de Cusco têm muitas belezas naturais, vales espetaculares ao longo do Rio Urubamba, cidades pitorescas e ruínas incas como Ollantaytambo, Pisac, Chinchero e a imponente Fortaleza Inca de Sacsayhuaman. Passeando pelas entranhas do Vale Sagrado dos Incas, senti uma serenidade de uma forma até então inédita, e que posteriormente se repetiria em tantas outras jornadas. Passei a valorizar sobremaneira os planos solitários e independentes, que quase sempre nos tiram da zona de conforto, mas que invariavelmente são os mais realizadores. Com muito esforço e um ideal claro, captamos por breves instantes, mesmo sem poder explicar, o sentido da existência. A belíssima paisagem peruana é inesquecível, sobretudo para mim, por remeter a essa realização pessoal. Lugares, cheiros, sabores e, principalmente, pessoas se transformam em mensagens, materializam o significado de nossas descobertas e gravam os passos na trilha árdua do autoconhecimento.

Um trem percorre os 110 km de Cusco até o vilarejo de Aguas Calientes, nome que vem de suas sulfurosas fontes e piscinas termais. Em uma dessas piscinas naturais de pedra, coloquei os ossos de molho, depois de tantas caminhadas.

A última etapa antes do objetivo final ainda guardava uma surpresa que, na hora, não foi tão divertida.

Na aurora da manhã seguinte, caminhamos pelos trilhos da ferrovia até a base das montanhas que abrigam Machu Picchu. Com um grupo de 6 ou 7 pessoas, entramos em um túnel que atravessava as montanhas. Lá pela metade da escura e estreita travessia, de cerca de 150 metros, um australiano que estava conosco pediu silêncio e colocou a mão, depois o ouvido, nos trilhos. Escutei seu grito, "*run!*", enquanto via o farol do trem apontando em uma curva, logo adiante do fim do túnel. Correndo de volta, devo ter batido o recorde dos 100 metros rasos. Encostei-me na rocha, ao lado da entrada do túnel, e poucos segundos se passaram antes do trem cruzar, lotado de passageiros, que das janelas nos sorriram. Aguardei as batidas cardíacas baixarem e segui, ainda meio assustado. Dispensando o ônibus que sobe em zigue-zague desde o pé da montanha, escalamos por entre a vegetação. O cansaço e o recente susto sumiram de repente diante da visão, do esplendor e dos mistérios da última cidade perdida dos incas.

Chegar antes dos grupos de turistas vindos de Cusco permitiu uma melhor exploração das ruínas e vielas intrincadas desse lugar mágico. Encontrada oficialmente pelo americano Hiram Bingham em 1911, Machu Picchu está no topo de uma montanha, circundada pelo veloz Rio Urubamba, e à sombra da ainda mais alta montanha Huayna Picchu. O deus inca do Sol, Inti, brilhava naquela manhã em que, depois de mais de duas semanas de precários meios de transporte, noites maldormidas e muitas novidades para a mente de um novo viajante, o objetivo foi alcançado.

Tive a sensação, que aos poucos se tornaria familiar, de realizar um projeto bem planejado em que, apesar das dificuldades, o destino e principalmente o percurso tenham valido a pena. O esforço vale mais, e até deixa de sê-lo, quando é feito com alegria e prazer, visando à recompensa do objetivo atingido. Quando a alma deseja, as pernas ganham força, o corpo se torna leve, e a mente fica mais serena.

De volta a Cusco, minha intenção era retornar pelo sul do Peru e descer a costa chilena até Santiago, para dali retornar ao sul do Brasil. Contudo, os trens que levavam à Arequipa, perto da fronteira com o Chile, estavam suspensos, por problemas na ferrovia, e, de ônibus, se levaria até 30 horas para descer a cordilheira. A única alternativa era por via aérea. Desembolsei 37 dólares na minha primeira compra de uma passagem aérea e, orgulhoso, embarquei no dia seguinte em uma aeronave da companhia Aeroperu. O Boeing 727 decolou e tomou atitude quase vertical para escapar dos picos ao redor de Cusco. O destino era Arequipa, também conhecida pelos peruanos como cidade branca, graças à cor das pedras da região.

Dali, a viagem seguiu de ônibus, cruzando a fronteira com o Chile até Arica e Antofagasta, sempre ao longo do espetacular Deserto de Atacama, até chegar na bela e organizada capital, Santiago. Além das forças, que se reduziam a cada dia, o dinheiro também foi acabando, e cheguei a Santiago quase sem nenhum. Em tempos em que ainda não existiam caixas automáticos e rápidas transferências bancárias, não havia alternativa. Comprei a passagem para o dia seguinte até Uruguaiana, na fronteira do Brasil com a Argentina. Sobraram 11 dólares, suficientes para alugar um quarto em uma casa de família para aquela noite. Depois de um rápido passeio pela cidade, no dia seguinte parti para a viagem de quase 30 horas até o Brasil, comendo somente aquilo que era oferecido no serviço de bordo – um pão com manteiga e um açucarado "sonho" – e evitando descer nas várias paradas, para não enxergar os outros passageiros comendo.

Estava encarando aquele sacrifício com diversão e alegria. Quando estamos retornando para casa, e para aqueles que amamos, aparecem força e entusiasmo que nem sabíamos que existiam. Em Uruguaiana, telefonei para meu pai. Por meio de conhecidos na cidade, consegui comprar as passagens que faltavam para chegar em casa.

No percurso desde Cusco, comecei a sentir que algo não estava certo comigo. Uma constante diarreia e perda gradual de peso me acompanhariam até o final da viagem. As refeições econômicas feitas nas calçadas no Peru, compradas de ambulantes que manipulavam comida, dinheiro, lixo e tudo mais com suas mãos calejadas e sujas, trariam consequências. Semanas depois, ao chegar em casa, estava muito magro, pálido e sem forças. Pela televisão, uma epidemia de cólera foi noticiada no Peru, doença que pode matar em questão de dias se não for tratada. No dia seguinte, felizmente, o diagnóstico foi outro, levemente menos grave: hepatite A. Mais comum em locais com higiene precária, a doença se manifesta cerca de duas semanas após o contágio.

Levei quase um mês para me recuperar completamente. Por vezes, a bagagem vem com algo indesejado, mas é um preço baixo para a riqueza de experiências adquirida. Aquela primeira viagem acendeu em mim o ímpeto e a necessidade de explorar o mundo, chama que cresceu e se tornou eterna companheira. Por vezes, imprevistos, desvios de rota e tropeços deixam cicatrizes no corpo e na alma, porém também ajudam a enriquecer nossa jornada. Mais do que atingir o destino, uma viagem só se completa quando retornamos ao local ou às pessoas que consideramos o nosso porto seguro.

A Escócia, André e Andrew

No inverno europeu de 1991, atravessei os Mares Adriático e Jônico, enfurnado em um saco de dormir, sobre o chão do restaurante de um navio italiano. Era o único local aquecido possível para os passageiros que viajavam na terceira classe. Apesar do desconforto daquelas 17 horas de viagem desde a Itália, eu estava bastante motivado para conhecer a Grécia. O desembarque se deu na cidade portuária de Patras, local que imediatamente associei a Santo André, executado ali no período em que a Grécia estava sob domínio de Roma. Diz-se que, antes de ser crucificado, em 60 d.C., o apóstolo pediu que não fosse martirizado como Cristo, pois não se julgava digno de morrer como seu Mestre. Os romanos usaram o sautor, uma cruz em forma de xis que hoje leva o nome do santo.

Duas décadas depois, o Sol amenizava a manhã fria do inverno escocês, iluminando a pequena igreja de Santa Margarete, em South Queensferry, nos arredores de Edimburgo. Em um momento de silêncio, pouco antes do batismo do meu primeiro filho, eu estava com o bebê no colo, em frente a uma imagem de Nossa Senhora. Em uma prece, pedi que ela o acompanhasse e guiasse sempre, como fez com o apóstolo André em Pentecostes. Não por acaso, um dos padrinhos era o meu irmão, chamado André. Ao sairmos da igreja, avistei no céu, sobre o estuário do Rio Forth, as esteiras de condensação de dois aviões, que formavam um xis branco no azul sem nuvens. Aquela cruz de Santo André, padroeiro da Escócia, reproduzia no céu a bandeira escocesa e eternizava para mim a lembrança de que, naquela terra dedicada ao apóstolo, eu estava vivendo a incrível emoção de ser pai. O nome do pequeno escocês, em sua forma inglesa, não poderia ser outro. Bem-vindo ao mundo, Andrew.

Santo André aparece em muitos lugares em que morei e que visitei. Além da Grécia, é padroeiro da Rússia e da Escócia, dois países que se tornaram parte integrante da minha vida. Considerado o primeiro apóstolo, o irmão de São Pedro era um pescador em Cafarnaum, às margens do Mar da Galileia. Antes de Jesus, André era um dos fiéis seguidores de João Batista. Ardoroso na evangelização, viajou incansavelmente espalhando a palavra de Cristo. Há registros de suas passagens pela atual Turquia, Rússia e várias outras regiões da Europa Central e Ocidental. Diz a lenda popular que teria chegado até o norte das ilhas britânicas, onde fundara uma igreja e um povoado no litoral de Fife, Escócia. A cidade hoje se chama Saint Andrews e cresceu como centro de peregrinação cristã a partir do século IV. Com a cruz de Santo André como bandeira e o apóstolo como padroeiro, relíquias suas foram sendo presenteadas pela Igreja aos católicos da Escócia. Na Catedral Metropolitana de Santa

Maria, em Edimburgo, estão expostas sua clavícula e uma parte do seu crânio.

Desde o século XVIII, a cidade de Saint Andrews é também alvo de peregrinos esportivos, ansiosos por pisar nos gramados em que o golfe foi inventado. Invenções, aliás, são um dos pontos altos da Escócia, e não me refiro somente a uísque e biscoitos amanteigados. Em um país com 5 milhões de habitantes, menos da metade da população do Rio Grande do Sul, o número de inventores é notável. Para citar apenas alguns exemplos, escoceses conceberam o motor a vapor (James Watt), o telefone (Alexander Graham Bell), a televisão (John Baird), o pneumático (John Dunlop), o asfalto (John McAdam), a bicicleta (Kirkpatrick Macmillan), a penicilina (Alexander Fleming), os logaritmos (John Napier), a anestesia (James Simpson) e o radar (Alexander Watson-Watt).

Minha teoria, sem comprovação alguma, é de que, além da inteligência clara e espírito inovador dos escoceses, o isolamento geográfico e o clima inóspito dos longos invernos forçam a reclusão e induzem o estudo e a reflexão, que acabam gerando formidáveis inventos e descobertas. Literatura e filosofia também estão bem representadas, com expoentes como o filósofo David Hume, os escritores Robert Burns e Walter Scott, e Adam Smith, que de seu pequeno vilarejo natal de Kirkcaldy escreveu *A riqueza das nações*, tornando-se o pai da economia política e, segundo alguns, do capitalismo moderno.

O espírito de não se curvar diante das dificuldades e a força para criar algo inusitado e melhor na adversidade se refletem na valentia e na resistência a invasões estrangeiras, já registradas no tempo dos romanos, que nunca conseguiram dominar as tribos dessa parte da ilha, que chamavam de Caledônia. O império romano limitava-se às terras ao sul do longo muro de Adriano, construído para deter ataques dos escoceses e que ainda pode ser visitado no norte da Inglaterra. No final do século XIII, heróis nacionais como Robert the Bruce e William Wallace foram os últimos a defenderem vigorosamente a independência do país. No entanto, se pela força nunca foi possível conquistar a Escócia, casamentos estratégicos e favores especiais aos nobres locais acabaram permitindo à Inglaterra a criação do Reino Unido da Grã-Bretanha que conhecemos hoje.

Escoceses deixaram marcas em todas as partes do mundo, alguns inclusive na formação do Brasil. Em Kirklinton, região de fronteira entre Escócia e Inglaterra, visitei uma mansão com belos jardins, chamada Eden Grove. Não é aberta ao público, mas como estava à venda, pude visitar, alegadamente, como potencial comprador. Foi construída por um indivíduo não tão famoso localmente, mas que teve forte influência no desenvolvimento da economia brasileira durante o reinado de Dom Pedro II. Richard Carruthers (1792-1876) foi sócio e o maior financiador de Irineu Evangelista de Souza, o Barão de Mauá. Morou por vários anos no Rio de Janeiro e foi um dos fundadores do que viria a ser o atual Banco do Brasil. Carruthers era também um pintor razoável, e algumas de suas obras estão expostas em museus britânicos.

Outro escocês que aportou no Brasil foi o almirante Thomas Alexander Cochrane. Expulso do Reino Unido por evasão fiscal, refugiou-se na longínqua América do Sul. Com vasta experiência na Armada Imperial britânica, foi nomeado Marquês do Maranhão por Dom Pedro I em 1824 e tornou-se o criador das Marinhas do Brasil e do Chile. Perdoado posteriormente no país de origem, retornou para as ilhas britânicas comandando uma frota de navios. Para que chegasse ainda mais abastado na Europa, fez uma escala em São Luís do Maranhão, saqueando completamente a cidade e levando até mesmo um navio da Marinha brasileira para a Grã-Bretanha. Foi sepultado com honras em 1860 na Abadia de Westminster, Londres, bem em frente ao túmulo de Isaac Newton. Mais de 100 anos depois, como conta Laurentino Gomes em seu livro *1822*, o ex-presidente maranhense José Sarney, em visita oficial à abadia, pisou raivosamente em seu túmulo e exclamou: "Corsário!"

A proliferação de talentos na Escócia não está limitada somente ao passado. Em fevereiro de 2020, na cidade em que hoje moro na Inglaterra, um concerto imperdível reunia muitos fatores marcantes para mim. Aclamada mundialmente, uma violinista virtuosa escocesa de origem italiana, Nicola Benedetti, tocaria minha peça favorita de Piotr Ilyich Tchaikovsky, o Concerto para Violino e Orquestra em Ré Maior. Nicola, filha de italianos, nasceu em 1987 na região de Ayrshire, costa oeste da Escócia, e toca o violino Stradivarius "Gariel", instrumento avaliado em mais de 10 milhões de dólares. Foi feito em 1717 por Antonio Stradivari em Cremona, a cidade de meus antepassados italianos.

A expectativa pela feliz e múltipla coincidência fez com que eu comprasse o ingresso com meses de antecedência. O que eu não poderia prever era que, dois dias antes do concerto, teria que fazer uma cirurgia de menisco. De muletas, e contrariando aconselhamento médico, não titubeei em ir àquele inesquecível espetáculo. A dor no joelho semiaberto foi sublimada por aquela experiência que, mais uma vez, marcava a Escócia em minha vida.

Em Aberdeen, norte da Escócia, onde morei por cinco anos, visitei a maior Universidade local. Um dos meus interesses era saber mais sobre a história de um de seus mais afamados professores, James Clerk Maxwell. Albert Einstein, quando perguntado se Isaac Newton seria sua maior influência científica, apontou para o retrato de Maxwell, em local de destaque em seu escritório. Einstein considerava o trabalho do escocês como a base de sua Teoria Especial da Relatividade.

Nascido em Edimburgo em 1831, o jovem Maxwell foi professor do Marischal College, em Aberdeen. Entre outros feitos, ele encontrou ali uma explicação para a estabilidade dos anéis de Saturno, que só pôde ser comprovada em 1985, quando a sonda espacial Voyager passou pelo planeta. Em 1860, o Marischal College e o King's College se fundiram para formar a atual Universidade de Aberdeen. Como cada instituição tinha seu professor titular de Filosofia Natural, Maxwell, por ser mais jovem, foi o professor demitido, o que o levou a buscar trabalho na vizinha Inglaterra. Poucos anos depois, no King's College de Londres, ele publicou sua Teoria Dinâmica do Campo Eletromagnético e as revolucionárias Equações de Maxwell, demonstrando que campos elétricos e magnéticos viajam no espaço em ondas, que se movem na velocidade da luz. A oportunidade perdida por Aberdeen talvez explique o porquê de eu ter ouvido muito pouco sobre o ex-professor na visita à Universidade. Por outro lado, sua demissão pode ter lhe trazido um benefício.

A mudança para Londres o colocou em contato com vários acadêmicos importantes na época, como, por exemplo, o físico, químico e matemático inglês Michael Faraday, outro dos maiores cientistas de todos os tempos.

As paisagens escocesas, nas terras altas (*highlands*), terras baixas (*lowlands*), bem como em todas as ilhas adjacentes, são inigualáveis. Vale a pena enfrentar o clima gelado pela maior parte do ano e explorar os vales, as suaves e imponentes montanhas, os rios e os lendários lagos, ali chamados de *lochs*, como o mais famoso deles, o longuíssimo Lago Ness. Além dos pontos turísticos específicos, o contínuo geográfico e cultural do país, seus campos, suas cidades, ilhas e a variada costa do Atlântico ao Mar do Norte mudaram minha percepção de beleza natural. Fiquei com a impressão de que o verde ali é mais intenso, mais verde.

Intensidade também é característica marcante do povo escocês. Ao contrário dos vizinhos ao sul do muro de Adriano, os esparsos habitantes são bastante diretos e sinceros. Dizem exatamente o que pensam, com seu característico sotaque, resultado de uma mistura da língua de Shakespeare com dezenas de outros idiomas e dialetos locais. A capital, Edimburgo, é uma festa para os olhos, com muita cultura e tradição nos arredores do imponente castelo de Edimburgo, uma fortaleza sobre um vulcão extinto, construída há quase 1.500 anos. Dezenas de cidades medievais e centenas de castelos e fortificações pontuam todo o país. Fotografias e palavras não conseguiriam fazer justiça ao que se vê e se vive na Escócia, uma nação carregada de tradição, história e um dos povos mais incríveis que conheci.

Foram sete anos divididos entre a capital Edimburgo e a principal cidade das terras altas, Aberdeen. Quando pisei no país pela primeira vez, tive logo a sensação de estar em casa, sem saber que ali iria me casar e ter meus filhos. A hospitalidade, sinceridade e simpatia dos escoceses foram fatores importantes, mas também contribuíram sua situação geográfica e política. Como uma espécie de antípoda boreal do Rio Grande do Sul, estado austral onde nasci, vi de imediato muitas características comuns, como o isolamento regional, o frio e a vastidão como modo de vida, o sotaque marcado e, nos últimos séculos, uma filiação bastarda, por vezes contrariada, a um distante governo central. Contudo, atualmente, há fortes indícios de que, mais de 700 anos depois, podemos estar às vésperas da retomada da independência escocesa.

As canções melancólicas e pungentes das tradicionais gaitas de fole são lamentos que parecem clamar por tempos mais remotos da nação. Sinto que essa terra de inventores poderá, muito em breve, reinventar-se, vivendo mais uma vez como uma nação soberana. Não faltarão talento, força e humanidade para que o país abençoado por Santo André se revele como um exemplo, tão necessário no atual cenário mundial, de uma sociedade igualitária, justa e de vanguarda.

Rússia
O grande urso

Era 7 de abril de 1993. O quadrimotor Ilyushin IL-86 da empresa aérea russa Aeroflot tocou o solo com mais de 300 passageiros a bordo. Eram 4 horas da madrugada no Aeroporto Internacional Sheremetievo II. Descendo a escada que leva à pista, observei, em meio à neblina daquela madrugada fria, a ausência de letreiros, luminosos e toda a parafernália visual a que estamos acostumados nos aeroportos ocidentais. O meu primeiro pensamento foi: "Estou na misteriosa e lendária capital da maior nação do mundo".

A Rússia é um país imenso, com mais de 17 milhões de quilômetros quadrados. Cobrindo 12% da crosta não submersa do planeta, possui quase o dobro da área de grandes países como Canadá, Estados Unidos e China e tem uma superfície maior que a do planeta Plutão. A extensão do país cobre 11 fusos horários, da Rússia europeia, a oeste dos Montes Urais, até a Sibéria, que se estende até o

Oceano Pacífico, quase tocando a América do Norte. Vale lembrar que, se o Alasca não tivesse sido vendido pelo czar Alexandre II aos norte-americanos em 1867 por 7 milhões de dólares, o território russo cruzaria o estreito de Bering e faria parte também das Américas. A geografia de estepes, tundras congeladas, taigas, montanhas, rios e florestas define muito da característica do povo russo e de seu destino político e econômico.

A Rússia é também conhecida como o Grande Urso. Ursos são o símbolo do país, e milhares deles habitam seu território. Os russos temem esses ferozes animais, tanto que não os chamam diretamente pelo nome. São chamados de *medved*, ou seja, "aquele que gosta de mel". Ainda que tenham aparência inocente e, em geral, sejam bem-intencionados, ursos carregam tudo por diante, de forma brutal, como sempre fez e faz o país que representam.

No dia anterior, meu primeiro passo em território eslavo foi no embarque, no Aeroporto Ezeiza, em Buenos Aires. Para economizar, optei por viajar pela companhia russa Aeroflot, com suas numerosas escalas de reabastecimento. A escada de acesso à aeronave me conduziu à primeira visão do interior do Ilyushin IL-86: malas e caixas. Para acessar a cabine de passageiros, na parte superior, passa-se pelo compartimento de bagagens, no porão da aeronave. Foi a primeira indicação de que o mundo que eu conhecia, focado em *marketing* e apelo visual, estava ficando para trás. Acomodei-me na poltrona, e as pernas da aeromoça à minha frente foram o próximo foco da minha atenção. O motivo não foi nenhuma espécie de sensualidade, mas, sim, o furo de alguns centímetros na sua meia de náilon. Instintivamente, espiei pela janela, procurando as asas e os reatores do avião. Torci para que a manutenção da aeronave fosse mais cuidadosa do que a dos uniformes da tripulação.

Apesar da impressão inicial, o voo foi relativamente tranquilo. Nessa época, havia seções no avião para fumantes e não fumantes. No caso da Aeroflot, isso não fazia a menor diferença, visto que quase todos os passageiros russos fumavam tranquilamente, em todas as áreas da cabine. O desembarque era obrigatório em todas as escalas de reabastecimento: Salvador (Brasil), Praia (Cabo Verde) e Argel (Argélia). Poder passar algumas horas em solo em cada escala tornou o voo de 22 horas bem menos monótono. Eu diria até que foi muito interessante. Tive contato, mesmo que breve, com povos bastante distintos, em lugares que, talvez, não terei a oportunidade de visitar novamente. Foram boas conversas com os alegres habitantes de Cabo Verde, arquipélago a 900 km da costa da Mauritânia, e com policiais argelinos, todos impecavelmente uniformizados. E descalços.

Moscou tem 4 aeroportos comerciais. Sheremetievo é o maior e o mais movimentado, com um terminal exclusivamente doméstico e outro para os voos internacionais. Domodedovo serve destinos na Europa ocidental. De Vnukovo saem os voos para o sudoeste russo, a Sibéria, o Cáucaso e a Turquia, bem como todos os voos oficiais do governo e de seus convidados. Bikovo é o menor, servindo aviões privados e voos fretados de pequeno porte. No desembarque em Moscou, encontrei mais uma herança do regime soviético: uma rígida inspeção de documentos e malas, ao melhor estilo comunista. Meu passaporte entrou por uma fresta, olhos me observaram por outra, e, alguns metros e longos minutos mais adiante, o documento saiu por uma terceira.

Quem viaja bastante sabe que são intermináveis os segundos que se passam entre a entrega de um passaporte, especialmente proveniente de um país subdesenvolvido, a uma autoridade de imigração, e o alívio de tê-lo de volta em mãos, com a entrada autorizada. O visto russo era emitido separado do passaporte, procedimento que no passado evitava retaliações dos países ocidentais, liderados pelos Estados Unidos, àqueles que visitavam países da cortina de ferro.

De posse da minha bagagem, passei a procurar pelo aeroporto o representante da Universidade na qual eu trabalharia pelos quatro meses seguintes. Um fax havia sido enviado três dias antes, informando data e horário de chegada do meu voo. Este jamais chegou ou, se foi recebido, ninguém se deu ao trabalho de ler. Eu não tinha nenhum nome ou informação para contato, exceto o endereço da Universidade, que obviamente estava fechada naquele domingo. Meus conhecimentos da língua russa se limitavam a ter estudado, durante a viagem, o alfabeto cirílico, seus sons e algumas palavras básicas. O dicionário russo-inglês que eu havia encontrado em um sebo em Porto Alegre tinha sido muito útil.

Sheremetievo fica a 30 km do centro de Moscou e, naquela época, não era servido por transporte coletivo. Os táxis na cidade eram raros, e eu havia sido informado que as possibilidades de ter um assaltante como motorista eram grandes. Mais tarde, aprendi que, para todos os efeitos, qualquer carro privado poderia servir como táxi. Bastava sinalizar para qualquer carro na rua, por vezes com famílias inteiras a bordo, informar o destino e negociar o preço na hora. Uma espécie de precursor rudimentar dos aplicativos de táxi atuais. Circulei por mais de uma hora pelo saguão do aeroporto, na tentativa frustrada de encontrar alguém que pudesse me dar alguma informação, ou que, pelo menos, falasse inglês.

Quando comecei a pensar que uma alternativa seria tomar um voo de volta, resolvi parar um minuto e fazer minha primeira oração nesse território que há poucos anos era oficialmente ateu: "Confio, em teu poder, em tua bondade. Em ti, confio com filialidade. Confio, cego, em toda situação, Mãe, no teu Filho, e em tua proteção". Poucos segundos e alguns passos depois, chegou o primeiro sentimento confortante de que a providência divina também estava presente entre ex-comunistas. Escutei uma conversa em português. Dois jornalistas brasileiros, residentes em Moscou, aguardavam parentes vindos naquele mesmo voo. Expliquei minha situação e prontamente me convidaram para ir com eles até a cidade. Lotamos o Lada Laika do chofer Igor, que nos levou ao apartamento de Gustavo e Florência, nos subúrbios ao sul da capital. Passamos aquele domingo de inverno juntos, com direito ao primeiro passeio pelo impressionante centro de Moscou, ótima comida local, incluindo o ali acessível caviar Beluga, as primeiras dicas sobre a cidade e, é claro, as primeiras doses de vodca. Nacional.

Aventuras, de preferência bem planejadas, impõem limites e testam constantemente nossa capacidade de lidar com situações inesperadas. Dão-nos, principalmente, a oportunidade de conhecer melhor a nós mesmos. Mais ainda, viajar sozinho nos dá uma capacidade adicional para entender e enxergar mais claramente as diferenças e semelhanças existentes em outras culturas. A principal jornada, contudo, é poder flutuar mais livremente pelo mundo desconhecido e quase sempre inexplorado da nossa mente e dos nossos sentimentos. Estar longe das raízes, dos amigos, da família, do confortável mundo que conhecemos bem, é uma das melhores oportunidades de ouvir melhor o nosso íntimo.

Admiro as pessoas que conseguem fazer essa viagem interior sem sair do lugar onde nasceram. Certamente existem outras formas de decolar e navegar. Eu sempre tentei unir as oportunidades que o estudo e o trabalho me deram de conhecer o mundo à necessidade que todos temos de nos conhecermos melhor. Mais que necessidade, eu diria que temos a obrigação de tentar entender, com intelecto, intuição e experiência, quem, o que somos e como nos inserimos no mundo. Precisamos procurar constantemente, no mínimo, vislumbrar por que somos merecedores de participar do milagre da existência e como fazê-lo da maneira mais ativa e decisiva possível.

Um conselho interessante que ouvi ao chegar em Moscou foi o de esquecer tudo o que tinha ouvido sobre a Rússia e sobre os russos. Na verdade, o certo seria esquecer o que se ouvia em noticiários dramáticos e na história distorcida que aprendemos sobre os russos, sempre do ponto de vista ocidental e anticomunista. Na década de 1970, um dos brinquedos mais desejados pelas crianças brasileiras era um boneco militar chamado Falcon. Invenção americana, era conhecido no resto do mundo como Action Man, e eu e meu irmão imaginávamos mil aventuras para os heróis barbudos. Um dia apareceu nas lojas seu inimigo oficial, um boneco robótico e cruel chamado Torak. Aquele nome eslavo não era pura coincidência. Com o filtro da guerra fria, nos chegava novamente essa imagem fantasiosa dos russos, como um povo frio e de poucos amigos. Nada poderia estar mais longe da verdade.

Definir precisamente as características do povo russo, assim como relatar todas as atrações de Moscou, seria extrema pretensão. Já é quase impossível chegar a uma definição, aproximada que seja, de povos com culturas relativamente mais recentes, como os que vivem no continente americano, o que se dirá de um povo com uma cultura milenar como os eslavos. A Rússia é um país de contrastes que não cabe em definições simples. Esses contrastes e essa complexidade me conquistaram desde o primeiro dia em Moscou. A força do Grande Urso sempre esteve presente nos governos imperiais, soviéticos, ou na pseudodemocracia que se vê hoje. Passando pelo regime de servidão dos czares, a experiência comunista e o atual regime autoritário e nacionalista, o povo russo jamais conheceu uma real democracia e, por vezes, parece até mesmo temê-la.

A imagem que sempre tivemos dos soviéticos, herdada hoje pelos russos, ainda é herança da guerra fria moldada pelos norte-americanos. Por décadas, recebemos a ideia de que são frios e cruéis comunistas, como até hoje ainda são retratados. Quem leu Tolstói, Dostoiévski e Bulgákov, quem sentiu a alma russa nas composições de Tchaikovsky, Rachmaninoff e Shostakovich, ou conheceu muitos russos, sabe que é muito fácil fazer amigos e sentir-se acolhido por esse povo formidável. O principal de tudo foi o contato com a vasta cultura russa, que nos faz sentir pequenos e, ao mesmo tempo, sedentos de mais saber.

Os russos e, em geral, os povos do leste europeu não sorriem tanto e podem por isso transparecer certa frieza ou aparente tristeza. Espera-se que o sorriso seja genuíno, e não uma tentativa de aproximação ou cortesia. Um provérbio russo diz: "Rir sem motivo é coisa para tolos". A melhor essência dos eslavos e russos encontra-se na rica história da região, bem como na literatura e na música. A alma russa está, por exemplo, no balé do teatro Bolshoi, em ruas, praças, museus e igrejas de Moscou. Conhecemos a cultura russa, obviamente, nas conversas amigáveis com seu povo humilde e, ao mesmo tempo, muito culto, bastante consciente da sua carga histórica.

A Rússia me fascinou, tanto pelas belezas que encontrei quanto pela experiência humana que tive. O povo russo sempre manteve sua identidade e sua cultura, mesmo em meio a dificuldades econômicas, opressão política e repressão religiosa. A liberdade, que era limitada no finado regime comunista, posteriormente não ficou menos limitada pelo capitalismo incipiente. A Glasnost, política de abertura econômica do governo de Mikhail Gorbachev, casada com a abertura política da Perestroika, trouxe um *tsunami* de novos valores e levou consigo alguns princípios arcaicos. Manteve-se, contudo, a essência, resultado de uma tradição milenar, mas também das agruras pelas quais a nação passou nos séculos de existência. Povos com uma cultura sólida e rica sempre têm o sofrimento e a privação como elementos da sua história. Com os russos, não foi diferente.

Moscou
História viva

A neve cobria o histórico pavimento de pedras escuras da Praça Vermelha. A névoa densa daquela madrugada de abril deixava as cores pálidas e suavizava os contornos das históricas e imponentes construções ao seu redor. Emocionei-me ao entrar naquela praça sem árvores e sem vida. Ali a história nunca cansou de acontecer.

O quadrilátero é formado a oeste pelas muralhas quase milenares do Kremlin (fortaleza, em russo), cujas paredes emolduram o Mausoléu de Lenin, bem ao centro. Ao sul, com o caudaloso Rio Moscou correndo ao fundo, fica a deslumbrante catedral de São Basílio e suas 9 cúpulas coloridas, construída pelo czar Ivan, o Terrível, em 1561. Ivan era terrível por muitos motivos. Cito aqui apenas um: quando a catedral foi concluída, Ivan mandou cegar o arquiteto, para que nunca mais fizesse nada parecido. Ao norte da praça, está o belo Museu Histórico, e a leste, o centenário GUM, um centro comercial erguido no final do século XIX. Na alma dessa praça de pedra, estão seis séculos de uma história de pompa, glória, mistério e sofrimento.

Caminhando naquele quadrilátero praticamente deserto, os versos de Vitor Ramil na canção *Loucos de cara* não me saíam da cabeça: "Se na praça em Moscou, Lenin caminha e procura por ti, sob o luar do Oriente, fica na tua". Na minha mente, eu sentia o chão estremecer com pesados caminhões militares, tanques, mísseis e o ritmo de pesados coturnos, todos desfilando em absoluta disciplina e ordem diante de sisudos líderes comunistas. A sensação de sentir-se inserido em um dos palcos da história, que formou e forma nossa realidade, é indescritível.

O suntuoso interior do Kremlin, expandido a partir do czar Ivan III, o Grande (1460-1505), é uma série de construções, com imponentes palácios e igrejas construídos pelos czares e, mais recentemente, pelos soviéticos. A catedral mais antiga é a Igreja da Dormição, de 1479, agrupada no centro do Kremlin, com a Igreja de São Miguel Arcanjo (1509) e a Igreja da Anunciação (1489). Entre incríveis ícones e castiçais ortodoxos, estão as tumbas cuidadosamente decoradas de czares e príncipes. O Grande Palácio do Kremlin, com suas 700 dependências, foi construído entre 1838 e 1849. Entre as demais construções antigas está o Palácio das Facetas, com a pintura da fachada simulando formas tridimensionais (1487-1491). Ao lado do alto campanário da Torre de Ivan, o Grande, está o maior sino do mundo, com 210 toneladas. Um sino que jamais soou, graças a uma falha no processo de fundição. Encostado na campana, repousa o "pequeno" pedaço quebrado, com 8 toneladas. Outro recordista mundial, o Canhão do

Imperador, com suas enormes balas esféricas, aponta para o Rio Moscou. Nos museus da cidadela de Moscou, no meio de muita regalia imperial, destacam-se os famosos e preciosos ovos Fabergé, obras de arte intimamente ligadas à glória e ao trágico destino da dinastia Romanov.

Fora das espessas paredes do Kremlin, avisto aquela que era a maior piscina pública do mundo, no exato local onde, em 1882, um monumental templo terminava de ser construído. A Catedral de Cristo Salvador era uma promessa, desde 1812, do czar Alexandre I, como agradecimento pela vitória russa sobre as tropas de Napoleão Bonaparte. Por ocasião da inauguração, a igreja foi o pano de fundo para a primeira audição da monumental *Abertura 1812*, composta especialmente para a ocasião por Pyotr Tchaikovsky.

Em 1931, o megalômano Josif Vissarionovic Dzugasvili, mais conhecido como Stalin, ordenou que a igreja fosse dinamitada. Daria lugar ao Palácio dos Sovietes, projetado para ser o centro do governo soviético e o prédio mais alto do planeta. No seu topo, ficaria uma estátua de 100 metros de altura de Vladimir Lenin. As fundações foram iniciadas, porém os engenheiros cedo concluíram que o solo não aguentaria aquela sólida estrutura. Além disso, os esforços da Segunda Guerra desviaram todo o aço da construção para fins bélicos. Com o buraco gigantesco das fundações escavado, surgiu outra ideia: construir a maior piscina do mundo, ao ar livre e térmica. Quando a visitei em 1993, me impressionou a nuvem de vapor em todo o entorno que, mesmo a distância, amenizava o frio daquele início de primavera. A temperatura subia sensivelmente nas cercanias do concorrido banho público. No ano seguinte que saí de

Moscou, a piscina foi desativada e iniciou-se a reconstrução fiel da belíssima Catedral de Cristo Salvador, finalmente concluída no ano 2000. Em uma exposição sobre o czar Nicolau II, no prédio que abrigava os estábulos czaristas, vi uma pintura em que aparecia a famigerada piscina. Sobre a água, porém, estava refletida a Catedral de Cristo Salvador, simbolizando a persistência do espírito cristão ortodoxo na alma dos russos. Treze anos depois, pude admirar aquele desejo religioso materializado.

Entre as paredes do Kremlin e o Mausoléu de Lenin, jaz o cruel ditador que ordenou aquela demolição nos anos 1930. Ao contrário da imponente catedral reconstruída, Stalin virou pó, eternamente. Embalsamado como Lenin logo após a sua morte, foi colocado em um túmulo alguns anos depois, ao lado de outras personalidades e líderes comunistas. Que a terra e o mármore lhe sejam leves como o Palácio dos Sovietes que planejava construir.

As mesmas paredes do Kremlin guardam um ser humano que nos trouxe um dos momentos mais marcantes dos últimos séculos, comparável até mesmo a Cristóvão Colombo, Marco Polo e Neil Armstrong. Em 1961, aos 27 anos, Yuri Alekseievitch Gagarin foi o primeiro humano a emergir da última camada da estratosfera, a bordo da rudimentar espaçonave Vostok 1. Ao ver a cápsula esférica Vostok 1 no Museu RKK em Moscou, pensei comigo que me sentiria mais seguro voando em uma máquina de lavar do que naquela estrutura aparentemente primitiva. O mérito vai bem além de Gagarin, é claro. É o resultado do sacrifício, da abnegação e do intelecto de um batalhão de cientistas e engenheiros.

Presenciei uma amostra de esforços dessa natureza, sem ferramentas modernas, em meu período trabalhando na Universidade em Moscou. No departamento de pesquisa de arrefecimento de equipamentos eletrônicos espaciais, havia apenas um computador pessoal, com menos capacidade que a máquina que eu tinha em casa, no Brasil. Como era muito disputado entre estudantes e pesquisadores, muitos cálculos eram feitos no papel mesmo, e os resultados eram surpreendentes por sua precisão. Anos após a espetacular façanha de sobrevivência espacial de Gagarin, o jovem cosmonauta foi morto, ironicamente, em um acidente aéreo a bordo de um militar MiG, aos 34 anos. O fato de seu nome ser menos conhecido do que o de seu conterrâneo e inventor da mortífera e popular espingarda AK-47, Mikhail Kalashnikov, nos diz muito sobre a natureza humana.

Quem ainda não virou pó até o momento que escrevo estas linhas é outro líder bolchevique, este bem mais importante, melhor intencionado e, ao menos aparentemente, menos nocivo do que Stalin. Vladimir Ilyich Ulyanov se tornou mais conhecido como o revolucionário Lenin. O corpo franzino do líder de 1,65 m parece repousar como um gigante desde sua morte em 1924. A redoma de vidro subterrânea é protegida pelo notável mausoléu, uma pirâmide escalonada de granito vermelho e preto. Em uma gelada manhã de sábado, desci as escadas escuras daquele macabro e histórico monumento até chegar à solene cripta. A sensação é de entrar literalmente em um túmulo, com o ar pesado e frio fazendo as vezes da terra. Poucos humanos tiveram uma honraria dessa natureza, com o corpo preservado, em um ambiente praticamente religioso como aquele. O mausoléu inspira disciplina, controle permanente e um certo medo, sensações que remetem ao regime que projetou e construiu o mítico Lenin. Guardas certificam-se de que nenhuma conversa ocorra nos corredores e na câmara mortuária. Em dias de visita, as máquinas fotográficas são obrigatoriamente deixadas longe do mausoléu, fora até mesmo da Praça Vermelha.

Diante de Lenin, tive poucos, mas inesquecíveis segundos. Os soldados ordenaram que não parasse em nenhum instante enquanto circundava o cadáver do líder soviético. Foi o suficiente para vê-lo como se estivesse em sereno sono, de terno escuro, barba bem aparada e embalsamado de forma perfeita sobre o leito de veludo vermelho. A arte em relevo no mármore e a ciência por trás daquela preservação de um corpo humano me impressionaram tanto quanto a mediocridade de venerar um mortal de forma quase religiosa, partindo de um regime que era, por natureza e por lei, ateu.

O sonho de Lenin e a utopia de Marx, de unir o mundo pela força do trabalho, reverberaram por todo o planeta, desenvolveram algumas nações, levaram outras à ruína e mataram milhões de pessoas em sua tentativa de se expandir. Até hoje causam admiração e inspiração, mas também revolta e ódio. Com aquele corpo imaculado em sua redoma de vidro e mármore, o homem Vladimir ainda parece tentar libertar-se da morte e desesperadamente continuar eternizando suas revolucionárias ideias.

Moscou
A linguagem universal

Terminei o curso de Engenharia no final de 1992, aos 21 anos. O potencial do mercado brasileiro não era muito atrativo, então supus que ainda deveria procurar alguma experiência internacional. O convite para trabalhar por um período de 4 a 6 meses na Rússia acabou vindo na hora certa. O instituto de intercâmbio mencionava que o estágio que eu havia feito na Dinamarca, 2 anos antes, me qualificava para ser o primeiro brasileiro a passar por aquela experiência na Rússia. Não citaram o termo "cobaia", mas ficou subentendido. O destino seria a capital russa, mais precisamente a Universidade Técnica Estatal de Moscou, conhecida como Instituto Bauman.

Fundada em 1763 pela czarina Catarina II, a instituição mudou de nome várias vezes, até finalmente homenagear o revolucionário bolchevique Nicolau Bauman. É a segunda universidade mais antiga da Rússia, afiliada à Universidade Estatal de Moscou, conhecida como Lomonosov, esta, sim, a mais antiga, fundada em 1755. A Escola Técnica Imperial de Moscou, como era conhecida antes da revolução, tinha como principal objetivo formar engenheiros civis e mecânicos.

Vários cientistas russos de renome fizeram parte de seu corpo docente. Para citar alguns: Mendeleev, Zhukovsky, Chebyshev, Chaplygin, Yershov, Sovetkin, Dmitriev, Letnikov e Gavrilenko. Muitos graduados pelo Instituto Bauman também se tornaram celebridades científicas mundiais: Sergei Korolev colocou o primeiro satélite na órbita terrestre e mandou o primeiro homem e a primeira mulher para o espaço; Andrei Tupolev construiu o primeiro avião supersônico de passageiros; Nikolay Dollezhal projetou a primeira usina nuclear de uso civil; Vladimir Shukhov criou o primeiro método de refinamento de petróleo e a primeira refinaria, além da primeira estrutura hiperboloide na Arquitetura; Nikolay Zhukovsky se celebrizou pelos fundamentos de aerodinâmica e hidrodinâmica; e Pavel Sukhoi foi o fundador da primeira agência responsável pelo projeto dos programas espaciais russos.

No primeiro dia na Universidade, dois misteriosos funcionários me levaram ao *Obchejítie*, a casa de estudantes da Universidade. Fui conduzido ao terceiro andar do enorme prédio de dormitórios, onde ficavam os estudantes estrangeiros. A comunicação era bastante precária, para não dizer inexistente. Meu quarto seria dividido com um estudante chinês. Ao abrirem a porta, o odor de tabaco, comida, mofo e outros aromas menos nobres me fizeram armar um plano em 5 segundos para me livrar daquela situação. Consegui convencê-los que eu tinha o costume de passar as noites estudando e lendo, o que não era mentira, apesar de um leve exagero.

Conversaram entre eles por alguns minutos e finalmente me conduziram a outro quarto, onde, apesar de ter que dividir o banheiro com o quarto ao lado, eu ficaria sozinho. A sujeira e o cheiro eram os mesmos. O estrado da cama era uma esteira de metal, e o colchão de uns 10 mm, para minha surpresa, não era tão desconfortável. Fora isso, estavam ali um pequeno armário, uma escrivaninha e uma cadeira. Limpei tudo do jeito que pude e me convenci de que dava para viver ali. Apesar das temperaturas negativas lá fora, o aquecimento, sobre o qual eu não tinha nenhum controle, deixava o ambiente exageradamente quente e abafado. Abri a janela com dificuldade. As camadas de pintura sucessivas bloqueavam a abertura. Devia ter sido aberta pela última vez durante a administração Nikita Khrushchev. O ar finalmente se renovou, e comecei a me sentir mais em casa. Minha lista de primeiras necessidades ficou registrada naquele dia: papel higiênico, espelho e um copo.

Eram cerca de dez da noite. Deitei e dormi, exausto. Acordei alguns minutos depois com alguém batendo. Abri a porta e ali estava Renat, um estudante russo, curioso para encontrar um brasileiro recém-chegado. Na mão direita, segurava uma foto futebolística emoldurada com o brasileiro Pelé ao lado do famoso goleiro russo Lev Yashin, o inigualável Aranha Negra. Na mão esquerda, exibia uma garrafa de vodca Priviet e dois copos. Eu não falava quase nada de russo, e ele não falava inglês, mas sua simpatia e aquela foto me convenceram a deixá-lo entrar. Trocamos algumas palavras básicas: Brasil, futebol, Pelé, café, gol etc. Após alguns copos de vodca, estávamos conversando normalmente, não me lembro bem sobre o que nem como. Foi minha segunda noite em solo russo.

Abro aqui um parêntese para dizer que Pelé é, sem sombra de dúvida, a maior referência internacional do Brasil. Felizmente, é sempre uma referência positiva, vista com simpatia e autoridade. Testemunhei, por dezenas de vezes, o brilho nos olhos das pessoas ao falarem nele e a comoção que causa, até mesmo em países onde o futebol não é popular, como Índia e China. É claro que há outros brasileiros ilustres, mas pela reputação e pela projeção mundial, nenhum foi maior. Guardo com carinho, emoldurada, uma camisa da seleção canarinho autografada por ele como homenagem pelas portas e sorrisos que seu futebol mágico e seu carisma abrem para os brasileiros no exterior. Apesar da triste tradição brasileira de usar eventuais erros ou deslizes para desconstruir heróis e celebridades, o talento esportivo, a diplomacia de palavras simples e a admiração de antigos companheiros e adversários seguem fazendo com que Pelé não perca a majestade.

Ao contrário da maioria dos países ricos, e de forma semelhante ao que ocorre na América Latina, estrangeiros ocidentais eram tratados com certa reverência na Rússia. Todas as pessoas que encontrei e com quem tive contato mais próximo se interessaram muito pelo Brasil, por sua cultura e pelo modo de vida dos brasileiros. Fiquei surpreso com o conhecimento que os russos têm de outros países. Grande parte deles havia lido algum livro do brasileiro Jorge Amado, por exemplo. Provavelmente por ser um comunista declarado, o autor brasileiro foi muito publicado em russo e se tornou relativamente popular em todos os países do leste europeu. O único equívoco generalizado era imaginar que todos os brasileiros usavam calças brancas. Só entendi quando tomei conhecimento de um popular filme russo, no qual uma das cenas mostrava as ruas cariocas de Copacabana, e onde todos os homens apareciam vestindo calças brancas. Visitando a família de Elena, cicerone na organização de intercâmbio, encontrei seu simpático pai, Nikolau (Nika). Ele havia visitado o Brasil em viagens científicas, de navio, a caminho da Antártica. Trouxe livros locais, entre eles um com letras do cantor Roberto Carlos. Mostrou-me também um romance de Jorge Amado, em russo: *Farda, fardão camisola de dormir*.

No dia seguinte à chegada na universidade, conheci três suecos que moravam no quarto ao lado e com quem tive excelente relação. Acostumados à limitação e ao preço exorbitante de bebidas alcoólicas em seu país de origem, estavam maravilhados com a liberdade etílica e os preços simbólicos da vodca. Passavam mais tempo embriagados do que sóbrios, e em ambos os estados eram igualmente solícitos e divertidos.

Uma dificuldade constante era a de se comunicar com minha família no Brasil. Nesses anos, anteriores à Internet e ao celular, as centrais telefônicas das quais se podia falar com o Brasil eram raras naquela imensa capital. Eu perdia no mínimo metade do dia para fazer uma brevíssima e cara ligação para o Brasil. Era necessário ir à região central da cidade, onde estava a principal central telefônica. Ali, aguardava em uma longa fila para solicitar uma ligação de 2 ou 3 minutos para o Brasil. Pagava antecipadamente cerca de US$ 12 por minuto, que era muito mais do que o salário mensal de um professor universitário em Moscou. Após uma hora ou mais de espera, era chamado a uma das cabines numeradas e finalmente conectado, sempre torcendo, é claro, para alguém estar em casa naquela hora no Brasil. Terminado o tempo pré-pago, a ligação era sumariamente cortada. Resumindo, a comunicação com a família acabou sendo pouco frequente. Cartas levavam mais de um mês para chegar, quando chegavam. Nada daquilo, contudo, parecia ser um grande problema, visto que as facilidades de hoje, que não eram conhecidas, também não eram esperadas.

Meu trabalho no Instituto Bauman acabou servindo de base e introdução para o curso de mestrado que fiz posteriormente. O grupo em que eu trabalhava era responsável por desenvolver arrefecimento para equipamentos eletrônicos usados na indústria espacial e era parte do Departamento de Foguetes, criado por Stalin em 1948. Meu supervisor era o simpático e ultrametódico Dr. Pavel Goryunov. A orientação técnica era de um renomado professor de 72 anos, Dr. Tchekhanov Anatoly Nikolaevich, que apesar de não falar inglês, demonstrava grande conhecimento, e com quem aprendi bastante.

Além do trabalho de pesquisa, eu dava aulas de C++, uma linguagem de computação, para alunos de graduação de Engenharia. Alguns alunos se tornaram meus amigos e me ajudaram bastante. Lembro-me do dia em que carregaram comigo, no metrô, um pequeno refrigerador da marca Morozko, que coloquei no meu quarto na Universidade. Para celebrar aquele vultoso investimento de 25 dólares americanos, fomos em seguida até o apartamento de um deles tomar a sempre intragável cerveja russa, acompanhada de arenque seco. O "aromático" peixe era guardado entre as janelas interna e externa do prédio, que, no inverno, funcionava como refrigerador. Fora os comes e bebes, a conversa e a música russa eram sempre excelentes.

O departamento na Universidade, com mais de 50 cientistas, tinha um único e disputado computador. Como as pessoas em geral saíam antes das 16 horas para procurar comida e outras necessidades, eu deixava para usar o vagaroso PC-386 nos finais de tarde. Apesar dos parcos recursos, os cientistas russos quase sempre encontraram soluções, algumas geniais, para seus problemas e desafios. Aprendi muito sobre busca de soluções nesse período, sem computadores, com poucos recursos, mas com muitos cérebros brilhantes. É o que se chama de engenharia da escassez (*shortage engineering*). Paradoxalmente, a prática mostra que, na maioria das vezes, é mais difícil encontrar soluções extraordinárias quando há abundância de recursos.

O motivo da saída prematura diária daqueles colegas de trabalho se tornou óbvio nos primeiros dias. Sem supermercados e com os poucos mercados públicos quase sempre vazios, só se encontrava comida em pequenos estabelecimentos, cada um com 3 ou 4 funcionários, chamados *Produkty*. O problema era saber o que seria vendido em cada dia nesses locais. Um dia encontrei queijo e manteiga em um deles. Três dias depois, fui ao mesmo local e eram vendidos sabão e fígado de frango. Em outros dias, não havia absolutamente nada. Comprar comida era um processo longo e incerto, ainda mais para um inexperiente estrangeiro. Nesses mercados, em uma fila pedia-se o produto desejado, que era anotado em pequenos bilhetes. Em outra, era feito o pagamento, sempre irrisório. Em uma terceira fila, recebia-se finalmente o produto. O único item que estava quase sempre disponível era o pão, vendido em padarias locais, sempre, é claro, tendo que enfrentar longas filas.

Resumindo, na primeira semana em Moscou, experimentei algo que para mim era inédito: passar fome, por não saber onde encontrar o que precisava. Na primeira semana passei 3 dias comendo somente pão e tomando um suco de maçã que comprei em uma grande lata enferrujada. É claro que, com o tempo, fui aprendendo a encontrar o que precisava, ainda que tudo levasse tempo e frequentemente viesse acompanhado de uma boa dose de frustração. Cozinhar era impossível. A cozinha da casa de estudantes era um verdadeiro criadouro de ratos, baratas e moscas, sempre abandonada e inútil. Felizmente, os amigos que fiz no país me proporcionaram excelentes refeições, no seio de suas famílias, onde pude provar comidas típicas, saborosas sopas Borsch, espessas panquecas Blini e, com sorte, alguma carne. Um dia, me levaram a um dos raros restaurantes moscovitas, onde comi estrogonofe de cogumelos, lombo de porco e caviar Beluga, que para eles era uma especiaria local relativamente barata. Refeições eram regadas, amiúde, a muita vodca.

Em Moscou, praticamente não existiam casas. Os prédios de apartamentos eram escuros, depressivos e malconservados. As construções daqueles repetitivos blocos residenciais foram, na sua grande maioria, resultado da política habitacional de Khrushchev, feitos para durar 20 ou 30 anos. Já estão lá há mais de 50. O interior dos apartamentos era bem mais acolhedor, graças, principalmente, ao calor humano, à hospitalidade e gentileza dos russos. Quase todas as portas externas são acolchoadas por fora. Presumo que seja para isolamento térmico e acústico, e não para amortecer esbarradas de algum embriagado morador.

Uma constante no dia a dia de Moscou era a inoperância dos serviços, à exceção do metrô, sempre eficiente e rápido. Nove em cada dez telefones públicos não funcionavam. Limpeza e manutenção de prédios e equipamentos eram irregulares e ineficientes, enquanto a falta de materiais e recursos eram a regra. Em um domingo, meu diário registra: "[...] fui telefonar para casa e não deu. Fui a um restaurante, mas a fila era gigante. Achei pouca comida para comprar.

Vim para casa. Nevou o dia inteiro [...]". Aquele era um domingo de Páscoa. Na mesma página do diário anotei: "Hoje é o dia da Páscoa católica (a dos ortodoxos russos é uma semana depois). Vou fazer alguma espécie de cerimônia sozinho. Visitei uma igreja ortodoxa aqui perto e me senti em paz orando em meio à devoção daqueles que estavam por ali. Voltei para casa com o espírito leve". Depois de um final de semana com doses de vodca e comidas diferentes, a continuação daquela entrada do diário é um pouco mais profana: "[...] depois da diarreia de ontem, também me sinto com o corpo bem mais leve".

Quando descobri que havia uma missa católica, em inglês, na Embaixada das Filipinas, passei a ir até lá todos os domingos. Além de gostar do espirituoso padre Norman e sua animada celebração, aproveitava para ir a um mercado grande que ficava ali perto e me abastecer para a semana. Sendo ali uma parte da cidade bastante popular entre casais de namorados, percebi que, em vez de convidar as namoradas para um sorvete, os rapazes preferiam oferecer-lhes uma banana. Fruta bastante rara e cara na Rússia de então, era saboreada vagarosamente. Vi que sentiam um certo *status* segurando as bananas semidescascadas. Aos domingos, eu lavava roupa, no chuveiro mesmo. Aliás, o chuveiro teve que ser improvisado, visto que só havia uma mangueira na pequena banheira disponível. Os entupimentos eram semanais. Um dia, ao me levantar da cama e colocar os pés no chão, tive a impressão de estar em uma piscina. O quarto estava alagado, resultado de um vazamento vindo do andar de cima. Como sempre, levaram vários dias para consertar o problema. Compensando as dificuldades nas coisas básicas, a carga cultural e intelectual que encontrei na Rússia foi inigualável.

Moscou
O legado cultural

Decorado com muita arte e cravejado de dourados símbolos soviéticos, o Teatro Bolshoi (Grande Teatro) é carregado de tradição e história. Em um mesmo dia em que eu não encontrava comida nos mercados moscovitas, assisti à ópera *La Traviatta*, de Giuseppe Verdi, no famoso teatro. O ingresso custava menos de 1 dólar, comprado na hora, diretamente na bilheteria. Os museus de arte e história na Rússia são imperdíveis, mas a cidade, por si só, já é um museu a céu aberto. A beleza está até mesmo onde o céu nunca aparece, como nas estações subterrâneas do transporte metropolitano. Além do cheiro de peixe seco, vodca e óleo mineral, sempre presente no metrô, ali se respira muita arte e história.

A Galeria de Arte Tretyakov, em Moscou, foi fundada em 1856, por Pavel Tretyakov, e tornada estatal por Lenin, em 1918. Nessa época, já contava com mais de 4 mil obras de arte, número que foi multiplicado por dez durante o regime comunista. Hoje, as 47 mil peças contêm arte de todos os gêneros, com destaque para o Departamento de Ícones Russos, alguns deles milenares. A galeria possui raridades como *A virgem de Vladimir*, pintada em 1115 em Constantinopla e trazida em segredo para a cidade de Vladimir, na atual Ucrânia. Eu estava saindo desse museu quando parei para ver livros que estavam à venda em tendas, montadas na calçada. Belíssimos livros de arte, vendidos por um ou dois dólares.

Observei que uma jovem russa estava consultando os preços e parecia particularmente interessada em um livro específico. Perguntou o preço e, ao ouvir a soma, algo em torno de 2 dólares, desistiu. Notei que ela seguiu na direção da estação de metrô próxima ao museu. Comprei rapidamente o livro e, na estação mesmo, a presenteei. Mesmo tendo ficado desconfiada, acabou aceitando, e conversamos um pouco. Muito agradecida, fez questão de me mostrar um lugar pelo qual ela se sentia profundamente vinculada. Estudante de teatro, a siberiana Olga me levou até uma pequena igreja ortodoxa, próxima à escola de teatro Stanislavski, onde ela estudava. Aquela igreja me chamou logo a atenção devido a uma chaminé que se pronunciava do telhado. Havia sido transformada em uma fábrica durante o finado regime comunista. Muitas pessoas rezavam na singela e acolhedora igrejinha. Jamais me esquecerei da sensação de paz e plenitude que parecia abraçar os poucos devotos que ali estavam. Ao sairmos, as palavras que escutei da jovem ficaram gravadas: "A riqueza dessa igreja está na fé daqueles que aqui rezam e no sorriso de cada um que daqui sai. Sei que sou pobre e não sou bonita, mas sei também que minha riqueza está no meu sorriso".

Percebi também que Olga estava com muita fome. Depois de tropeçar duas vezes, ela confessou que se sentia tonta e que estava sem comer direito há dias. Convidei-a para ir ao recém-inaugurado restaurante McDonald's, que não era longe dali. Após razoável espera na fila daquele que era o único restaurante do gênero na Rússia de então, em plena Praça Pushkin, ela devorou o sanduíche. Estava realmente faminta e, mesmo assim, exalava tranquilidade, alegria e entusiasmo. Nunca mais a vi depois daquele dia, mas, para mim, Olga até hoje personifica a essência da personalidade russa.

Pouco tempo depois daquele encontro, li *Um guia para o perplexo*, do escritor alemão Fritz Schumacher. Logo nos primeiros parágrafos, o autor cita, coincidentemente, uma experiência sua em São Petersburgo, Rússia. Ele percebe que algumas igrejas estão presentes em seu mapa enquanto outras foram deixadas de fora, descobrindo assim que as que lá estão são as chamadas "igrejas museus", consideradas por sua riqueza artística e histórica. Ficaram de fora as "igrejas vivas", com função estritamente religiosa e sem grande valor arquitetônico. Li esse relato e, imediatamente, consultei meu mapa de Moscou, que era bastante detalhado. Obviamente, a igreja que a jovem Olga havia me mostrado não estava lá. Era uma igreja de verdade, viva.

Normalmente, confiamos na cartografia disponível. Como explica Schumacher, vivemos orientados por mapas em que, frequentemente, a parte mais importante da realidade não aparece. Bem além da geografia, o princípio dos cartógrafos da filosofia contemporânea é que, na dúvida, esses detalhes fiquem de fora. Concentramo-nos somente no racional e científico, e o objetivo passa a ser o conhecimento em si, e não a verdade orgânica e global que o conhecimento contém. Desde ali, passei a duvidar dos mapas, de todos os tipos. Quem recebe o mapa de Moscou jamais saberá da existência daquela igreja, pequena e sem grande valor artístico, mas cheia de fé, riqueza espiritual e significado. No meu mapa de papel, marquei com ênfase aquela igreja, cujos devotos eram seus mais sólidos tijolos.

Nas cercanias da Praça Vermelha, o Museu Lenin impressiona pela quantidade de memórias, reproduções, objetos e obras de arte relacionadas ao líder revolucionário. Estão ali o automóvel Rolls-Royce que ele usava, as réplicas de salas onde viveu e trabalhou, assim como centenas de esculturas e pinturas vindas de todas as partes do mundo. Tudo no museu remete ao cabeça dos bolcheviques, que era, e para muitos ainda é, uma semidivindade soviética. Bem perto dali a riqueza de esculturas gregas, romanas, renascentistas, pinturas clássicas e arte moderna faz do Museu Pushkin uma das maiores atrações culturais de Moscou.

No lado artístico, assisti algumas vezes ao lendário Circo de Moscou, que faz jus à sua fama mundial. As apresentações acontecem em um pavilhão permanente, com picadeiros móveis que surgem do subterrâneo da construção. Um deles é feito de gelo, para focas e patinadores. As *performances* são impecáveis, o que demonstra claramente a dedicação e o talento dos ecléticos artistas.

No feriado de primeiro de maio, passei o dia no Parque Ostankino, com seu imenso monumento em titânio dedicado ao foguete Sputnik. Sempre pensei no sofrimento mental do povo russo e, por extensão, de todos os povos que faziam parte da cortina de ferro, confusos e perdidos no meio da transição para o capitalismo naquele início dos anos 1990. Concluí que o alto nível cultural e a educação formal do povo iriam levantá-lo rapidamente, torcendo para que as garras da águia azul, vermelha e branca não o desvirtuassem. Emocionava-me, por exemplo, quando, ao tentar barganhar algum produto oferecendo um preço menor por uma quantidade maior, os vendedores me olhavam por alguns segundos, sem entender minha estranha matemática. Respondiam candidamente que se um custava 10 rublos, 2 custariam 20, e não 15 rublos, como eu estava oferecendo.

Outra ingenuidade evidente era a falta de senso de *marketing* em quase tudo. Até mesmo os noticiários de televisão, ainda seguindo o antigo modelo soviético, não tinham a intenção de "vender" as notícias, como estamos acostumados no Ocidente. Surpreendi-me quando, certa noite, o programa da TV estatal abriu com a seguinte frase: "Nada de muito interessante aconteceu hoje". Era, na prática, um convite para desligar o televisor. O sensacionalismo ao qual estamos habituados não era pauta daqueles jornalistas, e talvez essa forma de encarar as notícias não seja de todo ruim. O sensacionalismo na forma que recebemos as notícias, especialmente no Ocidente, acaba amplificando medo, desconfiança e exclusão.

Nos primeiros dias em Moscou, contratei uma professora de russo e passei a ter uma noção melhor da língua de Dostoiévski. Após algumas semanas, me arrisquei a ensaiar algumas frases, até que alguém, um dia, me disse que eu estava falando razoavelmente bem, porém, por vezes, me expressava como uma mulher, pela escolha de palavras e entonação. Aprendi assim que a forma de usar a língua russa difere entre homens e mulheres. Pedi desculpas à professora e contratei um professor para o seu lugar. Passei a falar mais como os russos, exceto pelo excessivo número de palavrões que os homens quase sempre usam em suas conversas habituais.

A disponibilidade de livros em Moscou me causou espanto. Livros sobre qualquer assunto e gênero, em diferentes línguas, não custavam praticamente nada. Manuais técnicos de Engenharia e Física, muitos deles em português, custavam poucos centavos de dólar. Publicações políticas e ideológicas da era soviética, escritos por Lenin e outros, custavam menos de um décimo de um centavo de dólar. Como as filas eram razoáveis nas livrarias e não havia tempo para escolher com calma, eu selecionava livros de seções inteiras nas prateleiras, levava tudo e escolhia os que achava mais interessantes. Os demais eu oferecia aos convivas da casa de estudantes ou devolvia na próxima visita às livrarias. Comparando, um livro técnico com encadernação de boa qualidade e 400 páginas custava 4 ou 5 centavos de dólar, três vezes menos que um pão de 500 gramas e dez vezes menos que um exemplar do jornal estatal *Pravda*, ou um rolo de papel higiênico. Este último item, aliás, não se encontrava tão facilmente. O acesso fácil e barato aos livros resultava em um onipresente hábito de leitura. Nos trens do metrô, nas escadas rolantes intermináveis das profundas estações, nas praças etc., praticamente todos liam o tempo todo. Hoje também se vê, no mundo todo, as pessoas lendo nos meios de transporte, com a diferença de que a leitura passou a ser quase sempre limitada a alguma inutilidade superficial, nas telas dos *smartphones*.

Moscou
A experiência pessoal

Na Rússia, no meio de tanta novidade e novas experiências, comprovei mais uma vez que, quando estamos realizados, apaixonados, ou nos sentindo felizes, os sonhos fluem mais facilmente em nosso sono e parecem muito mais ricos em detalhes. Eu achava divertido acordar e me lembrar da salada de fatos e pessoas que habitavam meus sonhos. Em nossas jornadas e aventuras geográficas, a mente em movimento é uma jornada paralela que também ensina muito, agindo com vida própria, de forma quase independente.

Conheci muita gente de valor em Moscou, em uma frequente combinação de humildade e sabedoria. Um dia, jogando futebol na universidade, conheci um estudante de Engenharia russo. Ele jogava com tanta garra e determinação que logo me chamou a atenção, além de se parecer com meu pai, nas feições e na personalidade. Vestia uma camisa semidestruída, um tênis em frangalhos e uma calça de agasalho sem elástico, que ele precisava seguidamente puxar e segurar. Assim mesmo, exalava alegria e, em uma rápida conversa, demonstrou ser simpático, honesto e de coração aberto. Aquela pessoa me marcou por sua personalidade e por me fazer lembrar muito de meu pai. Na nossa eventual arrogância, encontramos seguidamente esses missionários de humildade e grandeza. Na Rússia, encontrei muita gente assim, que considero profetas do cotidiano, por tudo que seu exemplo nos mostra.

No dia 21 de abril de 1993, o Brasil teve um plebiscito para decidir o regime de governo: monarquia, parlamentarismo ou o incumbente presidencialismo, que acabou vencendo. Na embaixada brasileira em Moscou, trabalhava um dos filhos de Luiz Carlos Prestes, funcionário local do órgão brasileiro. Alguns anos antes, eu havia assistido a uma palestra em minha cidade natal com o lendário líder da coluna que levava seu nome. Independentemente de ideologias, Prestes foi um dos exemplos de vitória na derrota. Suas tropas marcharam pelo país todo, não conquistaram absolutamente nada, mas espalharam sua mensagem, sem jamais terem sido capturados. Saindo da embaixada, me juntei, por curiosidade, a uma manifestação pró-governo Boris Yeltsin, o beberrão presidente russo da época. A marcha saía da Rua Gorky em direção aos fundos da catedral de São Basílio, com a Praça Vermelha cercada por tanques e caminhões do exército. A temperatura negativa, o aroma de vodca e a música *punk* russa fizeram com que minha participação naquela manifestação oficialista acabasse sendo breve.

Certa noite, estava lendo o formidável livro *Coração de cão*, do escritor ucraniano Mikhail Bulgákov, quando ouvi uma explosão, que parecia ter acontecido muito próxima à minha janela no dormitório. No escuro da rua, não identifiquei o que tinha acontecido. Na manhã seguinte, notei que um pesado haltere havia sido jogado do alto da casa de estudantes em cima do telhado de metal do pavilhão ao lado. Era mais uma etílica noite para os vizinhos dos andares superiores. Se o setor de manutenção da universidade segue no mesmo ritmo, aquele haltere deve seguir lá até hoje, afundado nas folhas metálicas.

Nessa época, a única forma de levar dinheiro para a Rússia era em espécie, e o câmbio da moeda precisava ser feito nos hotéis do centro da cidade, em geral no luxuoso Hotel Intourist, no imponente Hotel Mezhdunarodnya ou no histórico Hotel Moscou, relativos oásis de modernidade ocidental. Para entrar, era necessário mostrar um passaporte estrangeiro. O acesso parecia ser exclusivo para não russos e, com certeza, para os emergentes milionários nativos. Dentro, havia sofisticação, caríssimos produtos europeus, acompanhantes de luxo etc. Como tudo mais na Rússia, a troca de moedas era uma operação burocrática, mas ao menos era feita de forma legal. Eu entrava com cédulas estampadas com George Washington e Thomas Jefferson e saía com outras, com o rosto de Vladimir Lenin Ulyanov. Em meio a uma altíssima inflação, aos poucos as cédulas soviéticas foram sendo trocadas pelos novos rublos russos.

Um fato interessante é o do Hotel Moscou, que é a materialização do temeroso autoritarismo de Josif Stalin. Conta-se que o arquiteto que apresentou o projeto fez um desenho da fachada com duas opções, uma desenhada à esquerda e outra à direita da parte central do projeto. Stalin assinalou exatamente no meio da folha. O arquiteto, com medo de perguntar novamente, construiu o hotel assim mesmo, com as laterais em estilos diferentes. Até mesmo o número de andares é assimétrico.

Refeições em restaurantes foram muito raras, até porque eram poucos. Em um deles, na turística Rua Arbat, o proprietário me explicou à boca pequena que a máfia russa colocava intensa pressão para "proteger" os restaurantes de explosões e assaltos, daí a falta de incentivo para abrir novos estabelecimentos. Em meu retorno à Rússia, anos depois, atravessei a Praça Vermelha e o Rio Moscou para almoçar em um ótimo restaurante, que eram raros na Rússia de 1993. Pedi um tradicional *Stroganoff* de carne, prato russo popular no mundo todo. Conversando com o garçom, aprendi que esse nome não teve uma origem muito apetitosa. A família Stroganoff eram os procuradores dos czares na Sibéria e fornecedores do produto mais lucrativo da época: as peles de animais. Casacos e acessórios de pele eram muito desejados em Moscou, cidade que pode chegar a 20 graus negativos. Para agradar aos Stroganoff, o czar os concedeu poderes para expandir e explorar territórios por toda a Rússia e pelos países vizinhos, o que estes faziam de forma sistemática e brutal. Em uma dessas batalhas, com povos muçulmanos, um membro da família foi capturado e acabou cruelmente executado, de forma lenta, cortado aos poucos. O trágico fim desse Stroganoff deu origem ao nome do prato, tradicionalmente feito de tiras de carne.

Moscou
Palácios subterrâneos

O gosto pela ostentação e o gigantismo dos russos e soviéticos trouxeram alguns benefícios para a população. O sistema de trens subterrâneos de Moscou, por exemplo, é o transporte metropolitano mais movimentado, extenso, eficiente e, como se isso não bastasse, o mais belo no mundo. Suas estações, construídas na maioria durante o período stalinista, são verdadeiros palácios, ricas em obras de arte, mosaicos, candelabros, esculturas, pinturas e, é claro, uma boa dose de propaganda comunista. Materiais nobres, vitrais e muito mármore decoram as naves das 162 estações, por onde circulam 9 milhões de passageiros todos os dias. O movimento dos trens subterrâneos de Moscou é maior que o dos metrôs de Nova York e Londres juntos. As estações mais impressionantes são Komsomolskaya (construída em 1952), Kievskaya (1954), Mayakovskaya (1938-1939), Novoslobodskaya (1950) e Ploshchad Revolutsii (1939), mas em muitas outras se vê arte, significado e mensagens subliminares.

Um dia, entrando na Estação Taganskaya, entendi melhor a substituição da religião pelos ideais comunistas soviéticos. Pintado no teto da enorme cúpula, logo na entrada da estação, um céu noturno de estrelas emoldura uma bandeira soviética, pintada de uma forma em que parece flutuar entre as constelações. Uma cena quase religiosa, satisfazendo parte da ansiedade humana pelo metafísico, em um povo tolhido de sua religião pelas décadas pós-revolução. Inaugurado em 1935, o metrô teve a maior parte das linhas construídas imediatamente após a Segunda Guerra. Como consequência da Guerra Fria, as estações feitas depois de 1945 são bem mais profundas, com a função adicional de proteger a população em situações de conflito, inclusive no caso de um ataque nuclear. Os 266 quilômetros de trilhos, distribuídos em 10 linhas radiais e 1 linha circular, levam a todos os pontos da cidade, a uma velocidade média de 42 km/h. Pode-se percorrer o caminho entre quaisquer duas estações sem que se precise sair das galerias subterrâneas. Os trens passam, nos horários de menor movimento, de 5 em 5 minutos, chegando a intervalos de 50 segundos nos horários de pico, permitindo assim que os milhões de passageiros se locomovam rápida e eficientemente. Mais tarde, ao visitar outras cidades do leste europeu, como São Petersburgo, Kiev, Praga e Budapeste, constatei que o modelo de metrô, incluindo trens e estações, era muito semelhante ao de Moscou, ainda que com menos riqueza artística e arquitetônica.

As profundas galerias subterrâneas de Moscou são ligadas às ruas por escadas rolantes, que, por si só, são uma pequena viagem, que pode chegar a 4 ou 5 minutos. No final de cada escada, um funcionário estatal supervisiona o movimento, pronto para desligar o equipamento em caso de qualquer imprevisto – ao menos na teoria, porque, na prática, esses funcionários estavam seguidamente dormindo em suas cabines. Herança do antigo regime, é um dos muitos trabalhos com função única de manter as pessoas empregadas.

Em 1993, o preço do transporte era simbólico, não chegando a um centavo de dólar por viagem. Nos horários de pico, o movimento de pessoas percorrendo as galerias é impressionante. No meio desse formigueiro, caminha-se a passos curtos, uns colados nos outros. Esbarra-se tanto que se desculpar perde o sentido. É um dos únicos pontos negativos do transporte moscovita, o que não desmerece sua reconhecida eficiência. Depois das 19 horas, o ar das estações e dos trens é tomado pelo cheiro de vodca. A impressão é de que nove em cada dez passageiros homens estão embriagados. Em muitos casos, as esposas e namoradas os conduzem com admiráveis paciência e dedicação na volta da diversão alcoólica, uma das únicas que os magros salários dos russos permitiam.

Nesse aspecto, aproveito para relatar minha única experiência de ébrio subterrâneo, na segunda semana em Moscou. Acompanhado de outros colegas da universidade, fomos jantar na torre Ostankino, construção imponente, protegida pelo exército, que tem a função de garantir as telecomunicações da cidade. Com 540 metros de altura, é uma das estruturas mais altas do mundo. Após a revista de documentos e os procedimentos de segurança, subimos 337 metros até o restaurante giratório. Eu estava em um grupo com jordanianos, vietnamitas, suecos, alemães e chineses que moravam na casa de estudantes da universidade. Comida típica e muita vodca logo elevaram nossos ânimos, de tal forma que, em certo ponto, eu não sabia mais se o que girava era o restaurante, a minha cabeça ou os dois.

Iniciamos um intercâmbio cultural que consistia em cada um cantar repetidamente uma canção de seu país, até que os demais pudessem cantá-la em coro. Na minha vez, cantei alguma música infantil brasileira que não me lembro mais, acompanhado pelos demais, com harmonia e afinação impecáveis, pelo menos quando julgadas pelo meu ouvido de bêbado. Obviamente, os funcionários e demais clientes do restaurante não estavam se divertindo com nossa cantoria. Logo em seguida, dois policiais se aproximaram da mesa e nos "convidaram" a deixar o local. Na saída do restaurante, a caminho do elevador, puxei o chapéu de um dos soldados, coloquei-o em minha cabeça e alguém tirou uma foto. A fotografia sobreviveu para provar, para mim mesmo, o que aconteceu, visto que no dia seguinte não me lembrava de muita coisa. No elevador, cantando e dançando na viagem de volta ao piso térreo, meus óculos caíram e pisei nas lentes, estraçalhando-as. Isso mostra que o limite do divertimento já tinha ficado para trás há horas.

O grupo se dispersou no caminho para a estação de metrô e acabei chegando sozinho à Cherbakovskaia, a estação mais próxima da torre Ostankino. Sem os óculos e com a cabeça pesando uma tonelada, as letras do alfabeto cirílico nos mapas das estações pareciam símbolos indecifráveis flutuando no espaço. Embarquei no primeiro trem que passou, apenas para descobrir que o comboio ia na direção oposta à que eu deveria seguir. Já passava da meia-noite. O metrô moscovita fecha as portas à 1 hora da manhã, daí meu desespero ao ver que estava me afastando do meu destino. Desci do trem algumas estações mais adiante, e sem saber bem qual trem tomar, abordei uma senhora, já com certa idade, na plataforma de embarque, usando o pouco russo que tinha aprendido até então: *"Pojaluista Baumanskaia Stantsia"* (por favor, Estação Baumanskaia). A solidariedade e o espírito coletivo dos russos se confirmaram novamente. Fui conduzido pelo braço, não somente até o trem e a conexão necessária, mas também até a porta do meu prédio na universidade. Não me lembro do seu rosto e não faço a menor ideia de como voltou para sua casa naquela madrugada, mas serei eternamente grato àquela bondosa alma. Além de mim, somente um sueco do grupo não dormiu na rua naquela noite. Eu o encontraria em algumas horas.

Acordei na manhã seguinte, atordoado, com os lençóis e roupas molhadas de vômito e suor. A noite tinha sido divertida, mas o ambiente de manhã não era dos mais aprazíveis. Abri a porta do banheiro e encontrei Lars, um dos vizinhos suecos, dormindo abraçado ao vaso sanitário, sem a menor ideia de como tinha retornado ao *Obchejítie*. Um cenário dantesco. Aos poucos, os demais foram chegando, depois de dormirem na rua ou nas pequenas cadeias das estações, que abrigam os desordeiros e embriagados encontrados de madrugada no transporte metropolitano. Um alemão chegou somente à noite, após dormir na casa de uma prostituta. Segundo ele, os serviços prestados foram somente a acomodação e um almoço de arroz com frango. Como bônus, ela o levou para conhecer um museu de arte naquela tarde. Cobrou 2 dólares por todo o pacote gastronômico-cultural. Para quem não estava acostumado, as duas primeiras semanas em Moscou tinham sido relativamente pesadas. Beber à noite parece ser uma tradição, e qualquer encontro após o trabalho envolvia a bebida nacional dos russos. Naquela noitada da torre de Ostankino, tomei vodca pela última vez, na Rússia ou em qualquer outro lugar do planeta. Com a energia que a juventude fornece, com a cabeça latejando e logo após perder tudo que havia comido no dia anterior, fui jogar futebol com os colegas da universidade e ainda marquei dois gols!

No metrô, vivi outras experiências interessantes. Em duas ocasiões, fui pedido em casamento. Vestindo jeans, tênis Nike e lendo livros e jornais em inglês, era imediatamente identificado como turista ocidental e, automaticamente, visto como instrumento de libertação da difícil situação econômica que a Rússia vivia. Na primeira vez, uma bela jovem sorriu do banco da frente no vagão e eu correspondi. Ela sentou-se ao meu lado e, em inglês sofrível, explicou que gostaria de me conhecer. Descemos na estação seguinte e ela me explicou que havia me visto no trem, estava apaixonada e gostaria de se casar comigo. Não sendo eu um Brad Pitt, imediatamente me dei conta do que estava acontecendo. Apesar de ficar tentado a conhecê-la melhor, resolvi escapar educadamente.

Sabedor de que em Moscou havia religiosas de um movimento católico que participo, passei a tentar encontrá-las. Depois de várias semanas procurando, sem sucesso, finalmente um padre me indicou onde moravam: exatamente na casa do arcebispo de Moscou. Fui visitá-las com meu colega Goryunov, que serviria de tradutor. Bati no apartamento, em um prédio enorme do período czarista, e abriram a porta as irmãs religiosas Julia e Mikaela, polonesas que não falavam bem russo e muito menos inglês. Tentei explicar que eu era parte do Movimento de Schoenstatt no Brasil, sem muito sucesso. Então me lembrei de outra forma de me identificar, em latim. "*Nos cum prole pia*" (a mãe nos abençoe, com seu filho), ao que elas prontamente responderam "*benedicat virgo Maria*" (abençoada Virgem Maria).

O latim ainda é de alguma forma uma língua universal. Imediatamente, as portas e o sorriso das duas religiosas se abriram. Ver a imagem da Mãe Três Vezes Admirável na parede daquele impecável e organizado apartamento foi como um retorno à casa paterna. Fomos nos entendendo aos poucos, tivemos uma boa conversa sobre o fundador do movimento, Padre Kentenich, e sobre termos em comum nossa personalidade marcada pelo seu ideal. Conheci um pouco do trabalho delas com o arcebispo e com a caridade local, naquela terra de pouquíssimos católicos. Serviram-me chá e um excelente bolo caseiro. Na saída, fui convidado para uma cerimônia de batismo, no Domingo seguinte, na igreja de São Ludovico. Foi um dos primeiros batismos católicos oficiais na Rússia desde 1917.

Moscou
Ciência e religião

O vasto Parque VDNH – iniciais em russo de Exposição das Realizações Econômicas da URSS – é um conjunto de pavilhões que mostra tudo que a União Soviética atingiu econômica e tecnologicamente em todas as antigas repúblicas. Ali estão foguetes, técnicas de agricultura, feitos de Engenharia, avanços científicos etc. Ouvi algumas vezes uma história significativa, mas aparentemente inverossímil, sobre o milionário desenvolvimento de canetas espaciais pela agência espacial americana. A NASA teria dedicado milhões de dólares, gastos por geniais inventores, para desenvolver uma caneta em que a tinta chegava à extremidade, mesmo com a ausência de gravidade. A história termina dizendo que astronautas russos no espaço sempre utilizaram uma solução alternativa: o lápis. Mesmo que não seja crível, essa história, de certa forma, reflete o que vi por lá. Pouco capricho com o visual e a estética, mas, ao mesmo tempo, muitas soluções tecnologicamente eficientes, feitas com criatividade e genialidade.

Em um sábado sem nuvens, fui conhecer a sede principal da Universidade de Moscou, também conhecida como Universidade Lomonosov. Era a entidade-mãe do instituto de pesquisa e ensino em que estudei e trabalhei. Logo à frente do imponente prédio, topei com uma homenagem ao cientista Dmitri Mendeleev, o pai da Tabela Periódica dos Elementos. Lembrei-me na hora de uma história que havia lido sobre sua família, e em particular sobre sua mãe. Nascido na Sibéria, o mais jovem de 14 filhos, Dmitri Mendeleev perdeu seu pai aos 13 anos. Sua mãe, para sobreviver com a extensa prole, teve a coragem de assumir a administração de uma fábrica local de vidros, anteriormente gerenciada pelo marido. Ela administrava os funcionários, todos homens, o que era bastante incomum para a época (1847). Um tempo depois, a fábrica foi destruída por um incêndio, e a situação se complicou ainda mais.

Vendo que seu filho mais novo demonstrava uma inteligência incomum, ela resolveu apostar todas suas forças na educação de Dmitri. Colocou-o na garupa de seu cavalo e o carregou por quase dois mil quilômetros de estepes e montanhas nevadas, dos Urais até uma Universidade de elite de Moscou, esta que eu agora visitava. Os professores rejeitaram o jovem Dmitri por não ser um habitante local. Persistente, a dedicada mãe seguiu viagem, cavalgando até São Petersburgo, 650 km mais ao norte. Lá chegando, não descansou até ver o filho aceito pela universidade que havia sido a *alma mater* do pai de Dmitri. Poucos dias depois, tendo cumprido sua última missão, faleceu, antes mesmo de iniciar seu caminho de volta para casa.

Após graduar-se, o brilhante aluno foi estudar em Paris e Heidelberg, onde foi aluno de Robert Bunsen – famoso por ser o inventor do popular "bico de Bunsen", usado como dispositivo de aquecimento em qualquer laboratório no mundo. Uma outra interessante invenção de Bunsen não se tornou tão popular: a ideia de classificar elementos químicos pela luz que produzem quando excitados. Bunsen criou assim o primeiro protótipo do espectroscópio. O cientista alemão também costumava classificar os elementos por suas características, sempre tentando criar uma sequência que fosse lógica e eficiente. De volta à Rússia, Mendeleev seguiu o exemplo do mestre e passou a perseguir aquele objetivo, culminando na famosa tabela periódica dos elementos, da qual é considerado o inventor. Mendeleev está hoje para a química como Darwin está para a evolução, ou Einstein para a relatividade. Não fez todo o trabalho sozinho, mas organizou tudo com muita elegância e simplicidade. Pôde também nomear elementos que se encaixavam em sua lógica, ainda que estes ainda não tivessem sido descobertos.

Com sua definição teórica dos elementos, Mendeleev acabou criando alguns inimigos, que seriam exatamente aqueles que, posteriormente, descobririam de forma experimental esses elementos teóricos. O primeiro deles foi Lecoq de Boisbaudran, o francês que descobriu o elemento Gálio. Mendeleev havia chamado esse elemento, em sua definição meramente teórica, de *eka-alumínio* (*eka* significa além, em sânscrito). O nome indicava que o elemento ficava logo abaixo da "caixinha" do alumínio, na tabela periódica. Lecoq, que deu o nome ao novo elemento de *Gallium* (de Gália, como a França era conhecida em latim), determinou sua massa atômica, que, estranhamente, não fechava com a massa teórica definida por Dmitry Mendeleev. Posteriormente, Lecoq admitiu que havia feito um erro de cálculo, e no fim confirmou a previsão teórica de Mendeleev. O gálio, aliás, é um dos poucos metais que, na sua forma líquida, pode ser manuseado sem fritar a mão do cientista, visto que derrete a menos 29 graus Celsius. Quanto ao nome pseudopatriótico do elemento, a provável realidade é que Lecoq Boisbaudran tenha deixado sua marca pessoal, já que *gallus* significa galo, em latim, ou Le Coq, em francês.

O atual prédio principal da Universidade de Moscou, em estilo Stalinista, impressiona pelo tamanho, mas também pela elegância e imponência. Ali, pensei em Mendeleev e naquela decidida e corajosa mãe, que o incentivou de forma tão heroica. Segundo Freud, para quem tem uma mãe orgulhosa e confiante, quase tudo será possível. Por experiência própria, entendo bem o valor do incentivo de uma mãe e a influência que tem por toda nossa vida. As mães virtuosas, como a que eu tive o privilégio de ter, em seu amor incondicional, só querem que os filhos atinjam uma vida plena e feliz.

A estátua de um contemporâneo de Mendeleev, Fiódor Dostoiévski, descansa impassível em frente à Biblioteca Lenin, hoje chamada de Biblioteca Estatal Russa. Vasta e bem construída, ainda é a segunda maior biblioteca do mundo. Da relativa modernidade das linhas exteriores ao riquíssimo interior dos prédios, tudo remete ao esforço em manter tradições, conhecimento, ciência e a rica cultura literária dos eslavos.

Em outro ensolarado sábado de junho, visitei o Monastério de Novodevichy, muito próximo ao Estádio

Lenin, que hoje se chama Estádio Luzhniki. O monastério está em um lugar muito bonito, com uma igreja rica em obras de arte e impecável arquitetura. Contudo, o local é mais famoso pelo cemitério adjacente. Ali estão os restos mortais de celebridades, como as ex-primeiras-damas Nadejda Stalin e Raisa Gorbachev, os compositores Prokofiev e Shostakóvitch, os estadistas Nikita Khrushchev e, mais recentemente, Boris Ieltsin, o teatrólogo Constantin Stanislavski, o designer de aeronaves Andrei Tupolev e os escritores Nicolai Gogol, Vladimir Maiakovski e, um dos meus favoritos, Mikhail Bulgákov, autor de *Coração de cão* e *Mestre e Margarida*.

Naquela tarde, tive a sorte de estar em Novodevichy durante uma celebração ortodoxa, com a participação do patriarca Aleksei, o "Papa" da religião oficial russa. Uma missa ortodoxa consiste em uma oração constante, com os fiéis em pé por mais de 2 horas, repetindo o sinal da cruz ortodoxo a cada 30 segundos, enquanto religiosos entoam liturgias em eslavo antigo. Essa língua quase morta é desconhecida para a vasta maioria dos que ali estão. É um ritual diferente e belo, muito parecido com o ritual grego. A religião ortodoxa russa deriva da igreja ortodoxa grega, adotada desde a virada do primeiro para o segundo milênio. Na época, foi uma forma encontrada pelos czares para agradar a poderosa Constantinopla. Sou um péssimo desenhista, mas, sentado em um banco em frente à bela Igreja Smolensky Sobor, desenhei as douradas cúpulas "aceboladas" no meu diário. No meu pensamento, estava uma frase do Padre Josef Kentenich, que refletia um pouco o que senti naquele monastério: "Não existe amor terreno garantido se não mergulhar no amor de Deus".

São Petersburgo
Berço da revolução

O encouraçado Aurora é hoje um navio museu em São Petersburgo. Em 25 de outubro de 1917, às 21h45, o tiro de um de seus canhões sinalizou o início da chamada Revolução de Outubro, prelúdio da maior experiência comunista da história humana. Não longe dali, no Palácio de Inverno, onde hoje fica o espetacular Museu Hermitage, o governo interino da Rússia estava reunido em um pequeno salão de banquetes, debatendo sobre o que fazer naquela situação. O corpo governamental havia sido nomeado no início do mesmo ano, imediatamente após a renúncia do czar Nicolau II de seu posto de chefe do governo. Do lado de fora, os bolcheviques, na sua maioria marinheiros, cercavam o palácio. Precisamente às 2h10 da manhã do dia 26, logo após os 200 soldados cossacos remanescentes abandonarem o prédio, os revolucionários invadiram o palácio e prenderam os 13 membros do governo.

Naquele tenso ambiente, um dos homens de Lenin foi até o relógio sobre a lareira do Salão Branco do palácio e parou o mecanismo. Aquele belo relógio francês, decorado em sua base com a escultura de um rinoceronte, marcou a hora exata da transferência do governo para os revolucionários. Impressionou-me vê-lo no Hermitage, quase oitenta anos depois, com aquele momento histórico congelado em seus ponteiros. Ponteiros, aliás, que voltaram a ser postos em movimento na mesma data e hora, exatamente 100 anos depois, em 26 de outubro de 2017.

Embora o ano mais lembrado para a revolução soviética seja o de 1917, a transição de monarquia absolutista para a União Soviética se deu aos poucos. A guerra civil durou de 1917 a 1922, quando então foi criada a União das Repúblicas Socialistas Soviéticas. Após sua abdicação, o último czar procurou se distanciar dos acontecimentos daquele ano. Ele e a família aguardavam um possível asilo na Europa Ocidental, enquanto viviam confortavelmente em Tobolsk, na Sibéria. Antes que chegasse o desejado exílio, em março de 1918, Nicolau II foi preso pelos bolcheviques, em plena guerra civil russa. Toda a família e um pequeno grupo de serviçais foram levados à cidade de Yekaterinburg, 600 km a oeste de Tobolsk.

Em uma madrugada de julho daquele mesmo ano, a família real e sua pequena comitiva foram acordadas. Receberam ordens para que se vestissem e fossem até o porão da casa por motivos de segurança. Ali, esperava-os um pelotão de fuzilamento. O primeiro a ser executado foi o ex-czar Nicolau, e para que nada restasse da dinastia Romanov, foram mortos também sua esposa, as quatro filhas, o herdeiro Alexei, com 13 anos de idade, e três serviçais.

Alexei custou a morrer, apesar dos tiros no abdômen. Um colete que vestia por baixo da roupa, bordado com pedras preciosas, acabou servindo de escudo. Em um cenário de brutalidade atroz que parece se repetir no final de governos indesejados e tiranos, Alexei foi finalmente silenciado com tiros na cabeça, enquanto suas irmãs eram mortas por tiros e golpes de baioneta. Os corpos dos Romanov, enterrados secretamente em uma floresta da região, foram encontrados e identificados por análises de DNA no final do século XX, sendo finalmente sepultados, em 1998, na Catedral de São Pedro e São Paulo, em São Petersburgo.

Depois de uma agradável viagem noturna de trem, partindo da Estação Leningrado em Moscou, iniciei a primeira visita à esplêndida cidade de São Petersburgo, 700 km ao norte da capital russa. Indicado por amigos, me hospedei no apartamento de Liuba, uma operária de uma fábrica estatal que morava com o filho Misha, de 12 anos, e um gato. Lembro-me bem do felino porque, logo na chegada, o encontrei na saída do banheiro e ensopei minhas meias em sua fétida urina. Como não tinha outro par de meias por ali, aquele cheiro me acompanhou até o retorno a Moscou, dois dias depois.

São Petersburgo, fundada pelo czar Pedro o Grande, já foi Petrogrado, Leningrado e hoje retomou o nome de seu fundador. Construída em 1703, é uma cidade relativamente nova, feita pela mão forte do czar, que, por vários anos, não permitiu que nada fosse construído em nenhuma outra cidade russa. A história e a arquitetura da cidade cortada pelo Rio Neva ficam marcadas em quem a conhece.

No Monastério Alexander Nevsky, visitei os túmulos de Fiódor Dostoiévski, Piotr Tchaikovsky e Mikhail Lomonosov. Dostoiévski escreveu um dos livros que considero ter mudado minha vida: *Crime e castigo*. As cenas de São Petersburgo, ao longo do Rio Neva ou pela bela Avenida Nevsky, não me saíam da cabeça enquanto o relia posteriormente. Muito além da trama que se tornou um clássico, *Crime e castigo* retrata, com a devida complexidade, nossa relação ambígua de intimidade e distância com a consciência, assim como faz refletir sobre o quanto temos guardado em nossa mente de forma inconsciente e, portanto, fora de nosso controle. São as coisas que processamos sem notar e que aparecem eventualmente para influenciar decisões e pensamentos. Parece ser o que chamamos de intuição, indicando o que devemos fazer ou não, sem que entendamos bem o porquê. Esse arquivo assombroso, que não conhecemos, nos influencia igualmente na relação com as pessoas. Dostoiévski, no mesmo livro, fala de pessoas pelas quais nos interessamos imediatamente em um primeiro encontro, antes mesmo de trocar qualquer palavra.

    Boa parte dos autores, compositores e cientistas russos tem um traço em comum associado a uma vida sofrida e dramática que acaba se manifestando de algum modo em suas obras. Dostoiévski, por exemplo, chegou a ser condenado à morte pelo império russo por subversão, mas, instantes antes da execução, teve sua pena convertida em trabalhos forçados na Sibéria. Tchaikovsky, após um casamento que durou poucas semanas, tentou o suicídio, aos 37 anos. Suicídio também pode ter sido a causa de sua morte, oficialmente causada pelo cólera, aos 53, nove dias após a estreia de sua Sexta Sinfonia (*Pathétique*), em São Petersburgo.

    Na imensa praça do Palácio de Inverno, tive uma sensação de vastidão que poucas construções me causaram. O prédio principal, hoje Museu Hermitage, possui um assombroso acervo de pinturas e obras de arte que, por si só, fazem valer a visita à cidade. Vários dias são necessários para conhecer, ainda que superficialmente, os 65 mil metros quadrados do museu, que não fica devendo nada para outros mais aclamados, como o parisiense Louvre ou o florentino Uffizi. Há também muitas igrejas na cidade, belíssimas e com estilos variados. Algumas almejam a grandeza de templos famosos de outras cidades. A colunada da igreja de Kazan imita a arquitetura do Vaticano. A Igreja do Salvador sobre o Sangue Derramado usa a extravagância de cores e formas da moscovita Catedral de São Basílio. A suntuosa Catedral de Santo Isaac é o maior templo ortodoxo da cidade, e a Catedral de São Pedro e São Paulo guarda os túmulos de quase todos os imperadores e imperatrizes russos, de Pedro o Grande até o último czar, Nicolau II, incluindo a czarina Catarina II, que foi a soberana da Rússia por 34 anos.

Como em Moscou, havia muita arte pelas ruas e praças de São Petersburgo. Nos Jardins de Verão, me emocionei com um jovem e seu xilofone. Uma música quase mágica, e mais um dos tantos talentos anônimos de um país onde, ao menos teoricamente, o indivíduo deveria se satisfazer não com fama e dinheiro, mas com sua contribuição ao bem coletivo.

No mesmo ano, em outra viagem a São Petersburgo, fiz uma parada intermediária para visitar Zagorsk, agora chamada Sergiev Posad. A cidade é uma espécie de Vaticano para a igreja Ortodoxa Russa. Os belos templos e o vai e vem de religiosos no local tornam a visita ainda mais interessante. Tive a sorte de ter como companhia o seminarista ortodoxo Igor, que eu tinha conhecido em Moscou, e que se prontificou a me acompanhar até Sergiev Posad.

Além de conhecedor dos detalhes da cidade e da religião, falava português fluentemente. Essa segunda visita coincidiu com o solstício de verão no hemisfério norte. Passei a madrugada do dia 21 de junho contemplando o Sol, durante as famosas Noites Brancas de São Petersburgo. Nessa meia-noite ensolarada, as pontes do Rio Neva se elevam, e as embarcações fazem uma alegre procissão para celebrar a data em que o astro rei não se põe naquela latitude.

A Rússia é um país com muita corrupção e com uma infinidade de problemas estruturais e econômicos. Nunca foi uma democracia, embora hoje alegue ser. Mesmo assim senti, no espírito dos russos, o amor à liberdade, cuja noção vai bem além do sentido superficial com que nós, ocidentais, costumamos interpretar. A escritora brasileira Cecília Meireles trouxe uma das definições mais exatas para isso, quando diz que "Liberdade é uma palavra que o sonho humano alimenta, não há ninguém que explique e ninguém que não entenda". Deve, contudo, ser um meio e nunca um fim. Frequentemente, é um estado de espírito que depende muito mais do âmbito pessoal do que de fatores externos. O pensamento flexível e o coração aberto que encontrei nos russos parecem refletir essa liberdade individual, ainda que o coletivo do país permaneça parcialmente oprimido.

No início de julho de 1993, deixei Moscou em direção aos países da Europa Central. Antes do embarque para Praga, tive meus livros de arte e latas de caviar Beluga confiscados pela alfândega. Eu havia deixado quase todos os meus pertences em Moscou, com a intenção de retornar em cerca de 30 dias. A vida, contudo, tinha outros planos para aquele verão. Meu retorno à Rússia acabou acontecendo somente 14 anos depois, para visitar um país radicalmente transformado, mas praticamente imutável em sua essência.

Moscou
O reencontro

No caminho do Aeroporto Sheremetievo até o hotel, a cidade me fez relembrar coisas que estavam escondidas na memória. Bem próximo às belas estações ferroviárias Kievskaya e Leningradsky, vi o shopping center onde comprei o minirrefrigerador da marca *Morozko*, que, 14 anos antes, me salvara em meio às dificuldades de encontrar alimentos naqueles primeiros anos pós-União Soviética. Também notei mudanças radicais: muitos restaurantes McDonald's, lojas IKEA, luminosos coloridos por todos os lados e os automóveis Lada e Volga impiedosamente substituídos por modernos BMWs, Mercedes, Toyotas, Ferraris. No dia seguinte, saí cedo, ansioso para absorver novamente aquela cidade que me acolheu calorosamente no início dos anos 1990. No metrô, fora o fato de usar cartões magnéticos em vez de fichas plásticas, nada mudou. Nas estações e nos trens, senti o cheiro azedo que só existe no metrô de Moscou – uma mistura de vodca e peixe arenque que, ao mesmo tempo, me pareceu agradável, pelas lembranças que trazia. Na Estação Sokolniki, meu russo enferrujado ainda serviu para comprar o cartão do metrô.

Desci na suntuosa Estação Komsomolskaya para trocar de trem. O nome é uma homenagem à *Konsomol*, como era chamada a juventude comunista que ajudou a construir o profundo e eficiente sistema subterrâneo. Fiquei ali parado por alguns minutos, admirando aquela que para mim é a estação mais bonita do impressionante sistema subterrâneo moscovita. Depois de mais uma troca (*perekhod*) na Estação Kurskaya, escutei o memorável aviso nos alto-falantes do trem: *Astarojna, Dviery Zakrevalsia* (atenção, as portas vão fechar). *Sledishe Stansia* (próxima estação): Baumanskaya. Esta é a estação próxima ao Instituto Bauman, onde eu havia morado e trabalhado nos anos 1990.

Saí da estação imaginando de que forma encontraria o caminho para os prédios do complexo da Universidade, que foi minha casa por alguns meses. Percorri aquele caminho centenas de vezes, mas tudo na época era muito diferente, muito mais cinza e bem menos ocidental do que agora. Senti-me perdido, então fechei os olhos por alguns segundos. Na minha mente, alguém agarrava minha mão. Era o Aidir de 14 anos antes, que me puxava com alegria para mostrar o que realmente vale: as experiências, descobertas, os momentos de alegria, tristeza, solidão e compaixão pelos quais passei, quase sempre sozinho. Aliás, sentimentos importantes são quase sempre vividos na solidão. Ficam mais marcados quando, na hora, não precisam de expressão e compartilhamento. Não me lembrava bem das ruas, porém me sentia confiante com aquele rapaz de 21 anos que conhecia o lugar muito bem. Mudaram as fachadas dos prédios, ocupadas por pizzarias, lojas de produtos eletrônicos e roupas, farmácias e até um restaurante da rede McDonald's. Há 14 anos, só havia um em toda a Rússia, e agora estão por toda a parte, até mesmo a 200 metros do meu *obchejitie*, a casa de estudantes da Universidade Técnica Estatal de Moscou.

Não precisei mais pensar por onde estava indo, pois logo avistei o prédio enorme que era meu destino diário e, quase sempre, meu descanso físico e mental. Na Rua Gospitalniy Pereulok, o imenso prédio continuava igual, repintado da mesma forma tosca de sempre e com a mesma aparência descuidada e imunda. Muito provavelmente, ainda reinavam por ali as mesmas dinastias de baratas e ratos que me faziam indesejada companhia. Observei as mesmas expressões dos estudantes daquele tempo, assim como as mesmas funcionárias avantajadas e apáticas que verificavam meu passe (*propusk*) na entrada do complexo. Não tentei entrar. Queria ir até meu antigo quarto, mas ninguém entenderia. Não deve ter mudado nada, quem sabe até meu pequeno refrigerador Morozko ainda esteja por lá.

Deixamos uma parte nossa, ou quem sabe o todo, nos lugares que nos fazem crescer e onde sentimos emoções fortes. Anaïs Nin dizia que não vemos as coisas como elas são, mas, sim, como nós somos. Retornar a algum lugar que nos marcou faz reviver e, por vezes, esclarecer as sensações que tivemos. Aquelas imagens, latentes na minha lembrança, me ensinam mais sobre como eu era. É um reflexo congelado da minha história, que proporciona uma excepcional oportunidade de aprender mais sobre a formação de minha personalidade. Percebi também um pouco mais sobre o motivo real, por vezes subconsciente, das decisões e do rumo que tomei. Caminhei ao redor da universidade e do imponente prédio onde eu trabalhava. Pensei em como me preocupava com minha *performance* profissional naquele trabalho, embora fosse a coisa menos importante daquela experiência de morar na capital dos russos logo após a queda do regime comunista.

Na região central de Moscou, notei as mudanças mais significativas. Em 1993, o GUM (*Gosudartsvenia Universalnia Magazin*, ou Centro Comercial Estatal), ao lado da Praça Vermelha (*Krasnaya Ploshad*), vendia salame, queijo, roupas cinzas e tinha lojas quase vazias e desconhecidas. Agora é um lugar luxuoso, com lojas de grifes caríssimas, onde o *nouveau riche* moscovita extravasa seu desejo de consumo reprimido por tantos anos. Posso ser injusto, mas ao redor dos novos milionários que vi na Rússia sinto o cheiro de contravenção. Gângsteres, mafiosos, prostitutas de luxo, políticos corruptos, empresários exploradores etc. formam uma elite poderosa que influencia o destino da valorosa e honesta maioria dos russos.

Moscou tem agora muitas igrejas novas, recém-construídas ou reconstruídas. Ao lado do Kremlin, visitei a imponente Catedral do Cristo Redentor, que o regime stalinista havia destruído. Fielmente reconstruído neste século, o templo agora parece provar que fé e religião não se tiram do povo, nem com a mão de ferro dos comunistas. Não posso deixar de observar algo que não mudou. As mulheres russas continuam entre as mais bonitas do mundo. Não usam mais óculos escuros, com a etiqueta de uma grife qualquer na lente, novidade nos anos pós-URSS, mas continuam exagerando nas roupas e nos calçados. Passariam por prostitutas em qualquer outro lugar do mundo, com suas longas pernas à mostra e saltos que se equilibram nos pavimentos traiçoeiros de Moscou. Hoje entendo a ingenuidade de quererem se sentir parte do mundo de Paris, Milão e

Nova York que veem pela televisão. Aguardam por alguém nas portas das estações. Eventualmente sorriem, nervosas com a chegada de um namorado, amigo ou amiga. Muito além das flores e dos elogios que recebem, buscam atenção e carinho. Os olhares são tristes, mas a vida segue pulsando, munida de esperança e expectativa. Os homens trabalham, se esforçam como podem, tentam absorver a nova ordem que sobrevaloriza o capital bem mais que o trabalho. Os russos seguem sendo um povo sofrido e valoroso.

A dinâmica das ruas também mudou muito. O trânsito ficou mais caótico, e andar a pé e de metrô é sempre mais rápido do que de carro. Outra mudança drástica foram os preços, agora muito além do que se paga na Europa. Tudo que era quase de graça há uma década agora assumiu preços extorsivos. O bilhete de metrô, em dólares, está 100 vezes mais caro. Táxis, restaurantes, hotéis, roupas, tudo pela hora da morte. Penso e espero que a renda da população tenha subido de acordo. Não se lê mais tanto no metrô, só os mais velhos ainda o fazem. O livro foi substituído por aparelhos de mp3 e telefones celulares. Muitos escutam música em fones de ouvido enormes, parecendo Mickey Mouses circulando pela cidade. Os homens adotaram de vez os calçados "ventilados", com furos, quase sempre brancos ou claros, com o bico do sapato apontado para cima.

Nessa minha segunda visita à Rússia, eu ainda morava nos Estados Unidos, onde o pensamento profundo é relativamente raro. Os Estados Unidos da América, uma das mais celebradas e imitadas democracias, segundo alguns estudiosos, hoje se aproxima de uma velada teocracia. Com sua crescente concentração de renda e poder, parece mais uma oligarquia. A repressão na antiga União Soviética era representada pelo aterrador prédio da KGB, com sua estátua do temido Felix Dzerzhinsky assombrando a Praça Lubianka. Nos Estados Unidos, em geral, uma outra espécie de repressão, mais disfarçada, fica a cargo do *marketing* selvagem e do corte radical do pensamento claro, profundo e próprio. Quando tudo é generalizado antes de ser analisado em detalhes, o essencial, que quase sempre está no indivíduo, acaba se perdendo.

Pelo menos aparentemente, havia mais sofrimento na época em que vivi em Moscou. Agora parece que, felizmente, todos têm uma vida mais confortável. O sofrimento, embora intrinsecamente ruim, sempre foi fonte eterna de inspiração na cultura russa. A solidariedade que esse sofrimento gerou continua presente. Não sinto que as pessoas tenham ficado mais felizes com o progresso econômico. Todos me parecem mais ansiosos e estressados. Mesmo assim, ainda enxergo que os russos em geral, não os políticos e empresários estereotipados, ainda dão a cada pessoa um rosto e uma voz. Enxergam o humano e sua história, antes de qualquer julgamento, e antes de tratar alguém com indiferença.

Ao retornar àquela universidade que era minha casa, celebrei aquele reencontro comigo. Pude ensinar para aquele jovem "eu" que está ao meu lado, mas também aprender muito com ele. Senti que ficou feliz por saber como estou e simplesmente por eu estar ali. Fomos juntos até a igreja ortodoxa onde celebrei sozinho a Páscoa de 1993. Mais tarde, na entrada da estação de metrô, nos abraçamos mentalmente. Foi um abraço mais real do que o chão que piso. Despedi-me, era preciso ir em frente. Um dia, nos veremos de novo.

Ucrânia
Kiev

Caminhei do hotel até a estação de metrô mais próxima. Minha impressão, da chegada na noite anterior no moderno Aeroporto Boryspil, até a manhã seguinte pelas ruas ensolaradas dessa capital com quase 3 milhões de habitantes, uma das cidades mais antigas do leste europeu, era de que tudo parecia ter um padrão relativamente ocidental. O espírito da União Soviética só deu as caras quando entrei na primeira estação de metrô. O transporte subterrâneo de Kiev, construído pelos soviéticos, seguiu o eficiente modelo padronizado por Moscou. O que eu não esperava era entrar na Estação Olimpiyskiy e, de forma imediata, retornar mentalmente àquela Rússia onde vivi no início dos anos 1990. O motivo não era tanto pelo que eu via, mas mais marcadamente pelo olfato. O cheiro nas estações é exatamente o mesmo de Moscou, talvez com doses reduzidas de arenque seco e vodca.

Longas escadas rolantes levam às plataformas, algumas a mais de 100 metros de profundidade. Como em Moscou, as "viagens" nas escadas são uma oportunidade para leitura, afeto entre casais, ou, no meu caso, para reflexão e observação do vai e vem de almas. Uma das estações, Arsenalna, é a mais profunda do planeta, com os 106 metros abaixo do nível da rua atingidos por dois monumentais lances de escadas. Outro fator que me remeteu a Moscou foi ver muitas meninas e mulheres, sempre bem-arrumadas e maquiadas, aguardando na saída das estações, em praças, esquinas, portas de prédios. Parecem esperar eternamente por amigos, amigas, namorados e maridos. No olhar há sempre uma certa ternura, melancolia e, mais que tudo, esperança. Felizmente, pouco muda na natureza simples e humilde dos povos eslavos.

Ucrânia e Rússia se envolveram em recentes conflitos territoriais em torno do controle da Crimeia, península estratégica para os russos por ser um porto "quente", via Mar Negro, com acesso ao canal do Bósforo e, finalmente, ao Mar Mediterrâneo. Além disso, desde sua retomada independência com a queda da União Soviética em 1991, a Ucrânia permanece politicamente prensada entre o Grande Urso, comandado por Vladimir Putin, e a parede de países da OTAN (Organização do Tratado do Atlântico Norte), que gostariam de tê-la como país-membro. Essa tensão faz com que muitos evitem viajar à Ucrânia neste início de século. As belas ruas, monumentais igrejas e prédios governamentais, os locais aprazíveis às margens do imponente Rio Dnieper e, sobretudo, a atmosfera tranquila e culturalmente rica de Kiev recebem, atualmente, pouquíssimos turistas, até mesmo no período de férias da Europa.

As principais atrações da cidade são as belas igrejas ortodoxas, com suas cúpulas características e decoração única de afrescos, candelabros, belos ícones e milhares de velas finas e longas que iluminam essa avalanche de arte e devoção. Visitei a Catedral de Santa Sofia, o Monastério de São Miguel e a Catedral de Santo André. Esta última fica no topo da chamada "Ladeira de André", uma rua típica de pedestres e vendedores ambulantes de matrioshkas (bonequinhas de madeira, umas dentro das outras), relíquias soviéticas e belos exemplos da arte local.

Na Ladeira de André fica também a casa onde viveu Mikhail Bulgákov, escritor ucraniano que, tanto quanto Dostoiévski, me marcou profundamente durante o período que vivi em Moscou. Minha primeira leitura de Bulgákov foi *Coração de cão*, um livro inesquecível, em estilo semelhante ao de Oscar Wilde em seu *Retrato de Dorian Gray*, porém com forte tempero eslavo. Nas igrejas, observei os rituais ortodoxos. Rituais, por mais que possam parecer sem sentido para alguns, servem para nos lembrar de quem somos e de onde viemos. São uma forma de reencontro com antepassados e nos perpetuam como parte de algo maior, além de nossa limitada existência e infinitesimal importância. Sejam individuais ou coletivos e, especialmente, religiosos, os rituais dão também o combustível maior de uma vida plena: a esperança. Rendermo-nos às tradições e à história nelas contida, é muitas vezes nossa única opção disponível em um cotidiano de acelerada transição e difícil compreensão – num mundo que muda constantemente de forma e estrutura antes que possamos agarrá-lo e compreendê-lo.

Na Igreja de São Miguel, no centro histórico de Kiev, o dia claro ressaltava o azul das paredes externas, que, com o anil do céu, faziam com que as reluzentes cúpulas douradas parecessem flutuar. Uma celebração estava em curso para poucas pessoas. Os cantos polifônicos entoados pelos sacerdotes convidavam à meditação e contemplação. A nave era relativamente pequena, mas a riqueza da decoração era impressionante. Como em outras igrejas ortodoxas do leste europeu, impressionava ainda mais a devoção, principalmente das mulheres em seus véus brancos, orando e acendendo velas para cada ícone ali presente. Pensei na família, nos amigos e, particularmente, em meus pais durante esse ritual da natureza humana, que envolve dedicação, desapego, sacrifício e amor. Ao mesmo tempo que devam ser sempre que possível retribuídos, permanecem de forma superior quando passados aos filhos e àqueles que amamos. A luta para acumular bens, experiências e satisfação pessoal se torna uma brutal contradição ao nos darmos conta do que realmente interessa. É na doação, no desprendimento, na empatia e na alegria dos que nos rodeiam que nos eternizamos, sublimando a efemeridade humana.

Meu destino seguinte na Ucrânia será em uma parte do país que, até poucas décadas, era desconhecida e que, pelas razões erradas, entrou definitivamente nos livros de história. Do livro do Apocalipse, 8:10: "E o terceiro anjo tocou a trombeta, e caiu do céu uma grande estrela, ardendo como uma tocha, e caiu sobre a terça parte dos rios e sobre as fontes das águas. E o nome da estrela era Absinto, e a terça parte das águas tornou-se em absinto, e muitos homens morreram das águas, porque se tornaram amargas".

O absinto é uma erva amarga. A palavra "absinto", em ucraniano, é também o nome de uma fatídica cidade ao norte do país: *Chornobyl*.[1]

---

1 Chornobyl, em ucraniano, ou Chernobyl, em russo.

Chornobyl
Zona de exclusão

Em 26 de abril de 1986, num desastrado teste de segurança do recém-inaugurado reator 4 da Usina Nuclear de Chornobyl, o jovem engenheiro nuclear Leonid Toptunov acionou o botão de parada de emergência do reator (botão AZ-5). A combinação de uma falha de projeto do reator com a imprudência da equipe da sala de controle causou o início de uma reação ressonante e descontrolada. Não me refiro somente à fissão nuclear naquele feixe de barras de urânio e grafite, mas também à estrutura governamental ultrassecreta da União Soviética. A explosão de Chornobyl é considerada um dos principais catalisadores das políticas de transparência política (*Perestroika*) e econômica (*Glasnost*) que se iniciaram no governo do secretário Mikhail Gorbachev. O desastre acabou acelerando a inevitável dissolução da poderosa União Soviética e a queda da cortina de ferro do comunismo, antes mesmo do final daquela década.

A tentativa do Kremlin de acobertar os efeitos do maior acidente nuclear da história foi frustrada por detectores nucleares suecos, que imediatamente alertaram a comunidade mundial. Exatamente 7 anos depois do acidente, no período em que morei em Moscou, entrei pela primeira vez no Kremlin, já em uma Rússia em transição do duro regime comunista para uma indefinida democracia, que esse povo eslavo jamais teve e que, até hoje, parece estar longe de ser consolidada.

Em 18 de agosto de 2018, passados 32 anos dessa inédita catástrofe nuclear, embarquei em uma pequena van nos arredores da Estação Ferroviária Central Voksalna, em Kiev. O destino era a zona de exclusão de Chornobyl, próxima à fronteira com a Bielorrússia. Visitas como essa só passaram a ser autorizadas a partir de 2011 e, mesmo assim, condicionadas ao cumprimento de burocracia e de um conjunto de procedimentos. Após cerca de duas horas de viagem, passei por vários *checkpoints*, em que a documentação, os registros e a aceitação de risco são formalizados.

Próximo à entrada da zona de exclusão, visitei um gigantesco radar soviético desativado. A unidade militar secreta Duga-1 e sua parede de antenas, com 150 metros de altura e 750 metros de comprimento, tinha o objetivo de interceptar comunicações e lançamentos de mísseis norte-americanos. Calculava-se que, da detecção dos sinais até o impacto em solo soviético, decorreriam cerca de 40 minutos. Uma interceptação bem-sucedida daria aos soviéticos o aviso prévio para uma reação e possível contra-ataque. Considerando o tempo necessário para o processamento dos sinais, restariam em torno de 32 minutos para avisar o Kremlin e detonar uma hecatombe nuclear entre as duas grandes potências da Guerra Fria.

Em determinada ocasião, Stanislav Petrov, um ex-comandante desse aparato militar, recebeu de sua equipe o aviso de um lançamento americano baseado nos sinais captados por Duga-1. Dois relatórios consecutivos confirmavam a interceptação. Petrov estava consciente das consequências e da gravidade da situação e, antes de avisar o Kremlin, resolveu consultar um espião russo que estava em território americano, próximo ao suposto local do lançamento. Informado de que não havia nenhuma confirmação visual, o comandante decidiu não reportar o suposto ataque aos seus superiores em Moscou. Posteriormente, descobriu-se que um problema no *software* utilizado acusava esses sinais em certas condições meteorológicas. Como punição por não ter seguido o protocolo, o militar foi enviado, em um posto inferior, para uma região longínqua da Sibéria. A realidade é que, possivelmente, ele possa ter salvado o mundo. O bilionário radar nunca funcionou como previam os camaradas do Kremlin. Foi descontaminado após o acidente em Chornobyl e, finalmente, desativado em 1989.

Em Duga-1 parece que entendi um "jogo etílico" que testemunhei algumas vezes na Rússia e que pode ter sido iniciado por esses militares: o jogo dos 32 minutos. Por esse curto período, uma garrafa de vodca é consumida em intervalos regulares, garantindo que se fique embriagado o mais rapidamente possível. Talvez o álcool fizesse parte da preparação informal para um ataque iminente.

Usina de Chornobyl

"Não sei quais as armas que serão usadas na Terceira Guerra Mundial, mas na Quarta Guerra serão usados paus e pedras" (Albert Einstein).

Gerando em média 1.000 megawatts em cada um dos 4 reatores RBMK (Reator Canalizado de Alta Potência), e com um quinto reator em fase de construção, a usina nuclear de Chornobyl, oficialmente Usina Vladimir Ilyich Lenin, era um dos orgulhos da engenharia nuclear soviética. Esse orgulho tecnológico se transformou em embaraço naquela fatídica madrugada de abril de 1986. Uma das muitas medidas de emergência, logo após o acidente ser detectado, foi de bloquear o fogo e a intensa fumaça, enquanto o vento levava partículas altamente radioativas para longínquos pontos da União Soviética e de quase toda a Europa. No início da manhã após o acidente, na tentativa de conter a letal contaminação, helicópteros jogaram toneladas de areia, boro e chumbo sobre o reator. Ao mesmo tempo, soldados se revezavam em turnos de até 45 segundos para empurrar os escombros radioativos do telhado da turbina para o buraco provocado pela explosão. Com o fogo/plasma de mais de 3.000 graus Celsius vitrificando gradualmente aquela cobertura, o calor passou a derreter o urânio radioativo, que acabou alojado nos porões do imenso prédio. Essa massa de 1.200 toneladas está lá até hoje. Apelidado de pata de elefante, graças ao seu formato, é considerado o objeto mais perigoso do mundo, conhecido também como Medusa, pois basta estar próximo dele por alguns segundos para marcar um encontro com o além.

Por mais que fotos e filmes da época revelem a grandeza do desastre, nada se compara a estar ao lado do imenso arco de proteção de 100 metros de altura que hoje cobre as ruínas do reator. O Novo Confinamento de Segurança, como é chamado, foi construído recentemente por uma empresa francesa, substituindo o antigo sarcófago de concreto, que ameaçava ruir depois de 30 anos de uso. A previsão dos cientistas é que a nova proteção dure ao menos cem anos, na esperança de que, até lá, se encontre uma solução para domar ou eliminar o gigante destruidor ali confinado.

Em determinado momento, deixei de lado as explicações e histórias do guia que me acompanhava. Preferi me isolar, pensando no delicado equilíbrio entre tecnologia e progresso. Entre a necessidade energética galopante das últimas décadas, sua sustentabilidade e segurança. Refleti também sobre as muitas vidas ali perdidas e a forma heroica com que os primeiros bombeiros e soldados enfrentaram o problema, que os levaria à morte certa. Um dos funcionários da usina, morto instantaneamente por radiação aguda, permanece no "sarcófago" até hoje, dada a impossibilidade de resgatar o corpo. Quase todos os funcionários que trabalhavam naquela noite no reator morreram por radiação aguda.

Os médicos, desesperados, diziam que não podiam tratá-los, pois ali não mais havia corpos com forma humana, tamanho o estrago causado pela radiação. Foram todos enterrados em caixões de chumbo, cobertos por mais de um metro de concreto. A doutrina soviética, de coletividade acima de tudo e do sufocamento do ego, certamente influenciou esses camicases do bem. São heróis que salvaram milhões de vidas que teriam sido abreviadas por um inimigo invisível ao longo de anos. Mais de 2 milhões de pessoas na Ucrânia, Bielorrússia e Rússia foram diretamente afetadas pela radiação de Chornobyl; 270 mil desenvolveram algum tipo de câncer associado ao acidente; destas, 93 mil morreram em virtude da doença. Apesar disso, até o colapso da União Soviética, o número oficial de mortes causadas pelo desastre era de 31 pessoas.

No Brasil, em uma noite de fevereiro de 1986, estávamos atentos ao anúncio do governo, que lançava de forma bombástica o chamado Plano Cruzado. A estratégia continha medidas tão drásticas quanto ineficientes para controlar a economia e a galopante inflação, que chegava a mais de 70% ao mês. O congelamento de preços gerou uma óbvia crise de abastecimento. Entre os produtos que faltavam no mercado, estava aquele que é considerado vital para meus conterrâneos gaúchos: carne bovina. O governo brasileiro, sob a tutela do presidente José Sarney, encontrou uma "brilhante" solução de baixíssimo custo. Passou a importar lotes de carne da União Soviética, boa parte contaminada com a radiação de Chornobyl. Toneladas de carne, a preços módicos, com o intuito de regular o mercado em crise. Eu mesmo devo ter saboreado alguns churrascos de isótopos radioativos naquela época. Trinta e dois anos depois, meu almoço durante a visita à zona de exclusão é no próprio refeitório militar da usina nuclear desativada, a cerca de 200 metros do fatídico reator 4. No cardápio, há frango, batatas, pão, salada verde e suco de maçã.

Pripyat

Como em um filme do estilo *Blade runner* ou *Black mirror*, esquadrões de "voluntários" soviéticos foram enviados à cidade de Pripyat logo após a evacuação da população. Sua missão era aniquilar qualquer ser vivo, domesticado ou selvagem, e o principal alvo eram os cães e gatos que os habitantes foram obrigados a deixar em suas casas abandonadas. Esses homens faziam parte de um exército de mais de 600 mil exterminadores contratados para limpar toda a área afetada no raio menor (10 km) da zona de exclusão. A maior cidade da área, Pripyat, fica a 3 quilômetros do reator 4. Entre os inúmeros problemas causados pelo acidente, estava o fato de que, na noite da explosão, a população se preparava para a grande celebração do Primeiro de Maio, a maior festa popular da União Soviética, também celebrada em quase todo o mundo como o Dia do Trabalhador. Refrigeradores e despensas estavam lotados de comida estocada para a festa, em grande parte perecível. Sem eletricidade, e com as temperaturas mais altas da primavera, tudo se deteriorou rapidamente, deixando a cidade-fantasma infestada pela podridão.

Na manhã após o acidente, dezenas de helicópteros, que haviam apenas sobrevoado o reator exposto, pousavam na cidade trazendo trabalhadores e feridos. Onde quer que tenham tocado, deixaram material altamente contaminado. Sem saber o que estava acontecendo, crianças e adultos iam ao encontro das máquinas voadoras, horas antes da evacuação. Ainda hoje, e por muitos séculos, a cidade terá esses "pontos quentes" no improvisado heliporto de Pripyat, emitindo centenas de microsieverts por hora de radiação.

O hospital da cidade é o local mais contaminado. Para lá eram levados os primeiros homens afetados pela radiação. Suas roupas eram removidas e levadas ao porão do prédio, onde estão até hoje, carregadas de isótopos radioativos. A expectativa é que toda essa área só se torne habitável de forma saudável em 10 mil anos.

A natureza, de forma surpreendentemente acelerada, retoma aos poucos a cidade que tinha 49 mil pessoas. Trinta e três anos mais tarde, temos hoje uma floresta, com esqueletos de prédios entre árvores e arbustos. Uma raposa, apelidada de Samanta, circula tranquilamente, acostumada à convivência com eventuais turistas como eu. Impressionou-me a velocidade do crescimento de árvores de dezenas de metros de altura e da vegetação em geral, brotando do concreto e asfalto que cobriam as movimentadas praças e avenidas de Pripyat. A ordem de evacuação só veio quase 24 horas depois do acidente, dando 3 horas de preparação para a população, e anunciada como temporária, prometendo retorno em dois ou três dias. Os assustados moradores, na sua maioria crianças, foram levados por 1.300 ônibus para longe de suas casas e pertences, para nunca mais voltarem.

Na manhã do dia 26 de abril de 1986, ainda foram celebrados três casamentos. A vida seguia normalmente para as famílias de trabalhadores da usina até a ordem de evacuação. O número de filhos por casal em Pripyat, a maioria com 3 ou 4 crianças, estava bem acima da média soviética. Os motivos eram a melhor condição de vida e a confortável infraestrutura criada para os trabalhadores da usina nuclear. No entanto, nos arredores de Pripyat, naquela manhã fatídica, um apicultor notou que suas abelhas permaneciam na colmeia. Por três dias, nenhuma abelha voou. Jornais, rádios e televisão ainda não haviam noticiado o desastre, mas as abelhas já sabiam que algo estava muito errado.

Caminhando no silêncio das ruas e dos prédios abandonados, não me senti um turista, e sim uma espécie de médico-legista, dissecando esse cadáver de cidade. O silêncio parece amplificar o grito de crianças e a vida que outrora florescia. Alguns letreiros sobre os prédios da cidade ainda são visíveis. Um deles diz: "Que o átomo seja um trabalhador, não um soldado", exaltando a aplicação pacífica da energia nuclear. Outro, na parede de uma escola local, parece ter sido uma indesejada profecia, realizada literalmente naquele 26 de abril por isótopos de Césio, Iodo e Estrôncio: "Deixe o átomo entrar em sua vida".

No caminho de volta, passamos em alta velocidade pela chamada Floresta Vermelha, nome justificado pela cor das árvores, que ainda estão em pé, mortas pela radiação que o vento trouxe naquela direção. A estrada que corta a floresta não tem limite de velocidade. O dosímetro, detector de radiação que carrego no peito, mostra por quê. Passamos ainda pela cidade de Chornobyl, que dava o nome à usina e que hoje conta com uma população de duas centenas de militares, que policiam em turnos toda a área. Nos *checkpoints* de saída, equipamentos detectores de radiação certificam que não estamos levando acidentalmente *souvenires* radiativos nos sapatos, nas roupas e nos veículos. Essa área surreal permanecerá como uma zona de exclusão, possivelmente, por milhares de anos.

Auschwitz
Campos de vazio e escuridão

O excelente filme russo *Sobibor* trata da única evasão em massa de campos de concentração nazistas. Em um bem montado plano de fuga, cerca de 300 prisioneiros escaparam do campo de Sobibor em outubro de 1943, após roubarem fuzis e matarem vários oficiais da SS que comandavam o campo. Sobibor, diferentemente de outros campos poloneses como Auschwitz e Treblinka, havia sido criado com um único objetivo: exterminar seus prisioneiros. Quase três-quartos dos recém-chegados eram mortos no mesmo dia nas câmaras de gás. No caso de Sobibor, em túneis ligados ao escapamento de motores a diesel.

No filme, chamou a atenção o nome de um dos comandantes do campo, o austríaco Franz Stangl. Este havia trabalhado anteriormente no Aktion T4, o programa de eutanásia dos nazistas para pessoas com deficiências físicas. De Sobibor, foi transferido para Treblinka e sucedido no comando pelo não menos cruel Gustav Wagner.

Pesquisei um pouco mais e me lembrei onde eu havia ouvido o nome de Stangl. No final dos anos 1990, trabalhei em uma montadora de automóveis e passava boa parte do tempo na planta principal do grupo no ABC paulista. Essa pequena "cidade", que já teve mais de 30 mil funcionários, tinha de tudo, inclusive sistema de transporte interno, igreja e prisão. Ali, os mais antigos me contaram muitas histórias. Uma delas é que na prisão interna da fábrica, durante a ditadura militar, foram encarcerados e torturados muitos funcionários considerados subversivos, em uma operação extraoficial conjunta da empresa com o exército e a polícia brasileira, nos primeiros anos após o golpe de 1964.

O esquema de espionagem interno ficava a cargo de ninguém menos do que o próprio Franz Stangl, que assim como Gustav Wagner, acabou se refugiando no Brasil após a derrota alemã. Sem ao menos ter se preocupado em mudar o nome, Stangl foi contratado pela filial brasileira como "supervisor de manutenção preventiva", e ali trabalhou por oito anos, até 1967. Um dos fugitivos de Sobibor, o judeu polonês Stanislaw "Shlomo" Szmajzner, também veio parar coincidentemente no Brasil depois da Guerra. Shlomo, como todos os sobreviventes desse campo nazista, ficou vivo graças à sua habilidade profissional. Como ourives, na época com apenas 17 anos, ele produzia joias para os nazistas, utilizando ouro e prata confiscados dos prisioneiros. O caçador de nazistas Simon Wiesenthal acabou localizando Franz Stangl e, posteriormente, Gustav Wagner em São Paulo. Shlomo os reconheceu imediatamente. O governo brasileiro, pressionado pelos órgãos internacionais, ficou sem alternativa, e o austríaco acabou preso pelo Departamento de Ordem Política e Social, o DOPS. A empresa, embora tenha alegado não saber absolutamente nada sobre o passado de Stangl, chegou a recomendar um advogado para defendê-lo. O comandante da unidade brasileira na época era um alemão que havia sido membro do partido nazista.

O Brasil acabou extraditando o ex-oficial da SS para a Alemanha, onde foi julgado e condenado à prisão perpétua, em 1970, pela participação na morte de mais de 900 mil pessoas. Franz Stangl morreu do coração na prisão em Düsseldorf, menos de seis meses depois, aos 63 anos. Quanto a Gustav Wagner, que no Brasil usava o nome Günter Mendel, o STF não autorizou sua extradição, e ele acabou liberado em 1978. Pela versão oficial, suicidou-se 2 anos depois, na cidade paulista de Atibaia.

O polonês Stanislaw "Shlomo" morreu em 1989 em Goiânia, aos 62 anos. Era o último sobrevivente entre os líderes da revolta de Sobibor. Dizia sempre que, para sobreviver, eram necessários "sorte, coragem, inteligência e uma forte vontade de viver". Nada restou do campo de Sobibor, na fronteira entre Polônia e Ucrânia. Prisioneiros judeus do campo de Treblinka foram levados a Sobibor, por ordem do chefe da SS Heinrich Himmler, para desmantelar o campo, imediatamente após a fuga em massa. Os 159 prisioneiros que não conseguiram fugir haviam sido fuzilados. Assim que a tarefa de destruição do campo foi completada, os prisioneiros trazidos de Treblinka foram executados.

Auschwitz

Nem todos os pontos de interesse turístico são agradáveis, mas, por vezes, precisam ser visitados, para que se entenda a extensão e o impacto de determinados períodos históricos. Conheci alguns dos principais campos de concentração nazistas que ainda restam como museus ou memoriais: Dachau, Buchenwald e Sachsenhausen, na Alemanha. Auschwitz e Birkenau, na Polônia. Os campos poloneses são de longe os mais impactantes, pelo número de vítimas e pela crueldade sistemática de seus algozes. Visitei Auschwitz (*Oświęcim* em polonês) e Birkenau (Auschwitz II) pela primeira vez em 1993 e, mais recentemente, com meu pai, retornei a esses tristes palcos de holocausto no sul da Polônia.

Prefiro não entrar em detalhes sobre tudo que aconteceu por ali, algo que foi extensamente retratado na literatura e em documentários disponíveis. Por mais que descrições e estudos tentem transmitir o que aconteceu, só mesmo uma visita ao local pode dar uma vaga ideia do inferno no maior complexo prisional e de extermínio construído e mantido pelos nazistas durante a Grande Guerra. Calcula-se que 1,3 milhão de pessoas foram levadas para Auschwitz, das quais 1,1 milhão morreram nos campos; 90% deles eram judeus, e os demais eram ciganos, prisioneiros de guerra soviéticos e cidadãos poloneses de outras etnias.

Ao entrar pelo famoso portão que exaltava a liberdade por meio do trabalho, a primeira coisa que me vem em mente é a descrição dura de Dante Alighieri para o aviso que imaginou no alto do portal do inferno: "Vós que entrais, deixai toda a esperança". Essa seria uma tradução menos literal e mais realista para aquelas três palavras em alemão. Os vários blocos de prédios perfeitamente alinhados, as cercas outrora eletrificadas e os milhares de objetos confiscados dos prisioneiros, como sapatos, bagagens e utensílios domésticos, são um choque de realidade inexplicável. Em um dos blocos que, por respeito, não pode ser fotografado, está uma montanha de cabelos das vítimas. Eram usados para fazer meias e tapetes. Mesmo tendo estado ali mais de uma vez, caminhar por aquelas avenidas da miséria humana não me causa reação imediata. Em cada um dos blocos, praticamente congelados no tempo desde a liberação do campo por tropas soviéticas, guias bem treinados explicam tudo em detalhes e sabem transmitir, com sensibilidade excepcional, os dramas ali vividos. Sinto, contudo, que a informação parece ser absorvida sem causar efeito significativo, parcialmente pela presença de estranhos no grupo, mas, sobretudo, porque, por seu significado, são necessários tempo, reflexão solitária e perspectiva para entender o que aquilo representa.

O campo de Auschwitz I tinha capacidade para 16 mil prisioneiros de cada vez. As dimensões impressionam, pelo menos até embarcarmos no ônibus que percorre os 3 km separando Auschwitz I do simbólico portal de Birkenau (Auschwitz II). Birkenau foi o maior campo de concentração nazista, onde 90 mil prisioneiros eram mantidos de cada vez. Mais de um milhão de pessoas foram mortas, a maioria nas câmaras de gás, e as demais sucumbindo às condições sub-humanas e aos experimentos "médicos" a que eram submetidas. O gás Zyklon-B, cuidadosamente manipulado pelos químicos nazistas a partir do pesticida Zyklon-A, tornou-se uma forma considerada "eficaz" para executar humanos em larga escala nas câmaras de gás. Uma crueldade racionalmente calculada que, como tudo ali, não pode jamais ser esquecida.

Atravessando a pé o portão principal de Birkenau, observo os trilhos que separavam o mundo normal do horror, terminando próximos às câmaras de gás deixadas em ruínas pelos nazistas antes da libertação do campo. Dos dois lados, ficava a vastidão de barracas de prisioneiros, algumas relativamente intactas. Meu sentimento é de estar em um local que perdeu sua alma e tornou-se escuridão. Como o escuro é a ausência da luz, o mal pode ser simplesmente a ausência do bem. Um vazio surreal.

Pode-se ler muitos livros e assistir a muitos filmes e documentários sobre a época. Ainda assim, nada pode ser comparado a estar no complexo de Auschwitz. É como levar constantes socos inesperados. A primeira reação é de um certo torpor. Uma tentativa de compreender exatamente o que é e como algo assim foi possível. Se nem mesmo as vítimas compreendiam aquela realidade, não podemos querer entendê-la em uma visita ao que restou. Não há lógica possível.

Não nos espanta tanto saber que indivíduos podem se tornar monstros sadistas. O que, por vezes, causa mais incredulidade é que essa crueldade possa contaminar grupos significativos de uma população, apoiando o racismo em suas variadas formas ou, no mínimo, tapando um olho em favor de alguma vantagem ou interesse pessoal. O nazismo é só um entre tantos outros exemplos, mas, pela dimensão, por ser relativamente bem documentado e por ter muitos de seus cenários ainda existentes, assume grande relevância histórica.

A importância desses memoriais e museus é materializar a história e não deixar que, à medida que o tempo passe, a noção da realidade passada evapore. Eventos similares, em menor proporção, acontecem ainda hoje em prisões e campos de refugiados. Sempre surgirão teorias lunáticas que negam ou tentam justificar o que aconteceu neste e em outros tantos períodos macabros da história. Enquanto houver tempo para reagir, educação, informação e humanidade são as defesas para que essas minorias permaneçam assim, minorias, sem poder real.

Nas palavras do filósofo espanhol George Santayana, gravadas em uma das placas de Auschwitz I: "Aqueles que não lembram o passado estão condenados a repeti-lo".

Belgrado
A cidade branca

Uma mente brilhante

Pelas ruas de Belgrado, é impossível não admirar a beleza clássica de algumas construções mais antigas, vestígios do passado austro-húngaro e otomano. Intercalam-se com tradicionais e imponentes monólitos de concreto do período comunista iugoslavo e com algumas ruínas, construções bombardeadas pelos países da Otan no final dos anos 1990. Desci do coletivo A1 na Praça Eslava, parada mais próxima de um dos meus principais objetivos nessa antiga capital da Iugoslávia, uma das cidades mais antigas da Europa e hoje capital da República Sérvia.

O Museu Tesla é relativamente pequeno, mas contém o essencial da vida desse cientista cujo nome se tornou hoje mais conhecido por intermédio de uma marca norte-americana de carros elétricos. Nikola Tesla estudou em importantes universidades na Áustria e República Tcheca e logo sentiu que seu talento e criatividade não seriam reconhecidos na tradicional e cética sociedade científica europeia da época. Seguindo um conselho de seus colegas acadêmicos, o cientista de 28 anos partiu em 1884 para viver na pragmática e receptiva sociedade norte-americana do final do século XIX.

Praticamente sem dinheiro e munido apenas de uma carta de apresentação, Nikola se apresentou ao famoso inventor Thomas Edison, que o contratou imediatamente. Os dínamos de corrente contínua eram o carro-chefe da General Electric, recém-fundada por Edison. O chefe logo o desafiou a encontrar um significativo aperfeiçoamento técnico em seus dínamos, prometendo a recompensa de um milhão de dólares, caso ele tivesse sucesso. Meses depois, Tesla apresentou sua proposta técnica de um dínamo extremamente mais eficiente, fato que foi imediatamente reconhecido pelo inventor da lâmpada elétrica, que o agradeceu efusivamente. No final do encontro, Tesla perguntou a Edison quando receberia seu milhão de dólares. Edison respondeu com outra pergunta: "Que milhão de dólares?"

Apesar da decepção, Nikola seguiu trabalhando na General Electric e logo tentou convencer seus colegas de que o futuro dos motores elétricos seria utilizando corrente alternada. Tesla viu sua teoria veementemente refutada em mais um profundo dissabor com Edison. A traição econômica ele até perdoaria, mas aquele embuste técnico não poderia passar em branco. O sérvio demitiu-se de imediato.

Mais tarde, Nikola encontrou outro engenheiro e homem de negócios: George Westinghouse. A Westinghouse Corporation, maior rival da GE, comprou a ideia dos motores de corrente alternada. Estava iniciada a chamada guerra das correntes, vencida no final pelos sistemas de geração de energia elétrica e motores de indução por corrente alternada inventados por Tesla.

Voltando ao museu, percorre-se em 5 pequenas salas a infância de Tesla na Sérvia, seus estudos e suas descobertas iniciais, um filme curto sobre sua vida e uma sala com experimentos vivos e réplicas de seus primeiros motores, além de outras invenções relacionadas à tecnologia de radares, raio-X, controle remoto, entre outros. Com um desses motores, que nunca teve aplicação prática, Nikola resolveu o problema do ovo de Colombo. A solução foi apresentada durante a Feira Mundial de Chicago no final do século XIX. Sobre o famoso Chicago Pier, construído especialmente para o evento, Tesla manteve um ovo metálico em pé graças a um campo magnético rotativo.

Em outra parte do museu, cada visitante recebe uma lâmpada fluorescente. Estamos agora diante de um transformador de 3 metros de altura que converte 220 Volts em 500 mil Volts. Além de gerar um violento arco voltaico, o ar ao redor torna-se ionizado. Atravessado de forma segura pela eletricidade de alta frequência, vi a lâmpada acender-se em minha mão. Nessa mesma sala está uma pequena miniatura de um barco, comandado pelo primeiro controle remoto. A invenção de Tesla deixou as pessoas muito impressionadas na época. Muitos insistiam que certamente haveria um pequeno macaco escondido no barquinho, treinado para conduzi-lo.

No centro de uma sala escura do museu, uma urna esférica dourada sobre um pedestal guarda as cinzas do brilhante Nikola Tesla.

O encontro de dois grandes rios

Sempre que possível, estudo os lugares que visitarei. Contudo, aprendi que é preciso deixar espaço para o inesperado e a mente aberta para aspectos bons e ruins que possamos ter lido ou ouvido antes da visita. Como em tudo mais na vida, devemos estar atentos à nossa ignorância. O que mais vale, no final, é sempre a impressão obtida *in loco*, baseada na percepção livre e sem juízo prévio. E como é espetacular quando a realidade acaba superando em muito a expectativa, como senti em Belgrado. É claro que isso se aplica não só para lugares, mas também em nossos encontros pessoais e, por vezes, nas tantas coisas que, surpreendentemente, descobrimos em nós mesmos.

Caminhando pelas ruas da capital de 1,3 milhão de habitantes, lembrei-me das tantas cidades do leste europeu que ainda não foram tomadas pelo turismo em massa e como não ficam devendo nada aos mais populares destinos da Europa ocidental. Além disso, o fato de o turismo nesses lugares custar relativamente pouco deveria ser um atrativo adicional.

Belgrado é formada pela cidade antiga, o povoado mais ao norte do antigo Império Otomano, e Zemun, na outra margem do rio, cujos moradores não deixam ninguém esquecer que foi parte do Império Austro-húngaro. Adicionando-se os legados romano e bizantino, temos uma cidade muito cosmopolita e culturalmente rica.

A Catedral de São Sava é o maior templo ortodoxo da Europa e um dos maiores do mundo. É a sede da Igreja Ortodoxa Sérvia, que embora faça parte da Comunhão Ortodoxa Oriental, é uma denominação independente desde 1219. Construída sobre o mesmo local onde os otomanos profanaram e queimaram os restos do fundador São Sava em 1594, seu interior impressiona pelos belos e tradicionais ícones e pela cripta ricamente decorada.

Próximos dali estão o Teatro Nacional, o Museu Histórico da Sérvia e a Assembleia Nacional, que já foi sede do parlamento da antiga Iugoslávia. Neste último local, as faixas de protesto são um lembrete de que Kosovo, país vizinho parcialmente reconhecido, segue sendo uma região disputada pela Sérvia.

A agradável rua de pedestres Knez Mihajlova leva da Praça da República até a lendária confluência dos rios Sava e Danúbio. Ali entende-se bem a relevância da cidade no cenário europeu. Cercada pelo vasto Parque Kalemegdan, a imponente Fortaleza de Belgrado foi construída há 2.300 anos, exatamente no estratégico encontro dos dois rios. A aparência alva da fortaleza deu o nome à cidade, que em eslavo antigo significa Cidade Branca. A importância da localização rendeu a essa capital mais de 100 guerras, com a cidade praticamente arrasada por 44 vezes. O parque e a fortaleza proporcionam uma belíssima vista do encontro fluvial e da cidade.

Como acontece quando estamos com pessoas de quem gostamos muito, é sempre bom deixar um lugar com vontade de ficar mais, pois saímos enriquecidos pela expectativa de um retorno e pelo entusiasmo da lembrança.

Amanhecia na capital da Sérvia enquanto eu embarcava para a Macedônia, outra nação desmembrada dos antigos domínios do ditador revolucionário Josip Broz "Tito". Os nomes dos aeroportos de origem e destino refletem heróis nacionais dos respectivos países. São homens bem diferentes, separados por mais de dois milênios: Nikola Tesla e Alexandre, o Grande.

Skopje
Em busca de identidade

Uma estátua de Alexandre, o herói nacional da Macedônia, montado em seu cavalo, Bucéfalo, recebia os visitantes no saguão do aeroporto da capital Skopje. Poucos dias após minha visita, tanto a estátua como o nome do aeroporto foram removidos, em uma tentativa de amenizar a polêmica com a Grécia em torno da nacionalidade de Alexandre. É interessante e revelador que a figura mais reverenciada nesse novo país, na realidade, nasceu no norte da Grécia, na região que também se chama Macedônia. Alexandre foi aluno de Aristóteles até os 16 anos e herdou o antigo reino grego da Macedônia do pai, Filipe II, assassinado em 336 a.C. Seu reinado foi marcado por conquistas militares e implacável expansão, enraizando a cultura helenística em uma região que ia do norte da África até o atual Paquistão. Sua influência no mundo ocidental persiste até os dias de hoje. Fundou dezenas de cidades com seu nome, sendo Alexandria, no Egito, a mais famosa delas.

Como guerras e conquistas territoriais sempre acabam prevalecendo sobre exemplos de paz e humanidade, uma filha da Macedônia, esta legítima e bem mais atual, acabou sendo deixada em segundo plano na nomenclatura e nos monumentos da capital. Anjezë Gonxhe Bojaxhiu nasceu em Skopje e tornou-se mundialmente reconhecida por sua incansável atividade social, justamente em um território que Alexandre nunca conseguiu conquistar: a Índia. Anjezë é mais conhecida como Santa (Madre) Teresa de Calcutá. Apesar de ser uma heroína moderna e fonte global de inspiração, o fato de ser mulher, e de origem albanesa, possivelmente a tenha ofuscado no cenário local. Visitei o pequeno memorial da "Mãe" Teresa, na região central da cidade. Ali estão detalhes de sua vida, suas realizações, relíquias da infância e adolescência em Skopje, e uma galeria de fotos e documentos, retratando a vida de coragem dessa franzina religiosa, sempre chamada à ação e à caridade. Quando foi, por vezes, criticada por aceitar homenagens e prêmios, entre eles o Prêmio Nobel da Paz, repetia sempre que o fazia unicamente em benefício das obras de caridade, jamais por orgulho pessoal.

Skopje foi parcialmente destruída em 1963 por um terremoto que matou mais de mil pessoas e derrubou seus monumentos e estátuas. A partir de 2010, a cidade passou a reconstruir e ampliar o número de monumentos. Jamais vi tantas estátuas em nenhum outro local. A impressão que se tem é de que há mais estátuas do que pessoas pelas ruas da cidade de 630 mil habitantes, um terço da nação. Nesse exagero, há uma tentativa explícita de forçar a cultura helenística em um país com origem predominantemente eslava. Isso fica evidenciado na arquitetura das novas construções, quase todas em estilo clássico grego, contrastando com o ambiente eslavo, oriental e muçulmano na cidade. Etnias albanesas e turcas somam mais de 30% da população do país.

Como em tantas outras cidades, um dos lugares de que mais gostei foi o Antigo Bazar, o segundo maior do mundo depois do Grande Bazar de Istambul. Aprecio demais a interação com o povo local que grandes mercados públicos proporcionam. Sinto-me, por alguns instantes, parte integrante da comunidade e começo a compreendê-la melhor.

A praça central da cidade é dominada por uma monumental estátua equestre de Alexandre Magno, cercada por uma fonte. Entre o pouco que restou de realmente antigo, a Ponte de Dusan foi construída pelo Império Sérvio no século XV, sobre ruínas romanas. Várias outras pontes recém-construídas atravessam o Rio Vardar. De gosto duvidoso, também as pontes estão repletas de estátuas de celebridades locais. Ouvi de um dos comerciantes do bazar que cada estátua custou entre 1 e 3 milhões de Euros e que, na proliferação de monumentos, havia forte indício de corrupção estatal, ou seria, nesse caso, "estatual". A ostentação se torna ainda mais afrontosa em um país onde um quinto da população está abaixo da linha de pobreza.

Terminei a visita com um excelente jantar em um restaurante albanês e uma última caminhada pelas ruas dessa capital, que ainda luta para aparecer no cenário cultural e econômico europeu. Enquanto aguardava o embarque, na partida, concluí que a jovem república perdeu a oportunidade de dar o nome de um de seus filhos autênticos ao principal aeroporto. Na vizinha Albânia, o único aeroporto internacional recebeu, este sim, o nome de Aeroporto Madre Teresa.

Indochina
Marcas que seguem vivas

Vietnã

"Estávamos errados, terrivelmente errados" (Robert McNamara, ex-secretário de Defesa dos Estados Unidos, 20 anos após o final da guerra que matou 58 mil americanos e mais de 3 milhões de vietnamitas).

Em uma noite de primavera no Texas, recebi uma ligação de um colega de trabalho. A pergunta me pegou de surpresa: "Poderias ir no meu lugar para o Vietnã? Tens que partir em dois dias. Precisas estar lá na segunda-feira de manhã". Respondi que era possível, caso conseguisse obter o visto de entrada em tempo. Quis saber também se havia algum problema com ele. Ter viajado várias vezes com esse colega me dava certa intimidade, e ele me confessou o motivo. Veterano da Guerra do Vietnã, explicou que depois de muita reflexão e aconselhamento de familiares, sentiu que não podia retornar àquele campo de batalha, que nele deixou marcas indeléveis. Em determinado momento dos anos em que lá esteve durante a guerra, foi atacado por tropas locais (vietcongues). Pego de surpresa na trincheira em que estava com suas tropas, um soldado vietnamita o empurrou com a arma. No momento em que me contava, sua voz tremia de emoção: "Comigo no chão, aquele soldado em plena vantagem me olhou fixamente por segundos que pareceram uma eternidade. Ele não atirou. Eu, porém, atirei assim que tive oportunidade. Morreu na minha frente. Desde então, não se passa um dia sem que eu pense nele, em sua família, pais, amigos, quem sabe esposa e filhos, que tiveram suas vidas devastadas por aquela decisão minha. Eu não tenho condições psicológicas e emocionais de retornar ao Vietnã".

Aquela foi a primeira de várias viagens de trabalho ao país de Ho Chi Minh, líder revolucionário e ex-primeiro-ministro comunista que hoje dá nome à segunda maior cidade do país, a antiga Saigon. Ho Chi Minh é uma cidade fascinante, com trânsito caótico de motocicletas, em constante zigue-zague por largas avenidas. Atravessar as ruas requer coragem e, no início, certa ajuda dos habitantes locais. A única forma é avançar sem olhar muito para os lados, confiando na destreza dos milhares de motoqueiros que desviam dos pedestres, em uma espécie de *video game* da vida real. A herança francesa de Saigon ainda está presente em muitos prédios e na bela catedral católica (Notre-Dame). As estátuas e fotografias do líder Ho Chi Minh e os monumentos, tipicamente comunistas, de homenagem à classe trabalhadora, estão incorporados a essa arquitetura, como no belo prédio dos correios, na prefeitura da cidade, no teatro municipal e nas inúmeras praças e parques.

Um dos pontos altos daquela viagem foi o passeio de barco de um dia inteiro pelo delta do Rio Mekong, sinônimo de terror na época das guerrilhas contra os americanos. As visitas aos fervilhantes mercados, alguns flutuantes, as incursões nas entranhas pantanosas da região e, principalmente, o contato com a população que ali vive e trabalha, sem luxo, mas quase sempre feliz e sorridente, fazem a viagem valer a pena. Em uma das paradas, almocei na casa de uma alegre senhora de 92 anos, cheia de energia. Enquanto preparava pratos da saborosa cozinha vietnamita, ela me ofereceu um aperitivo fortíssimo, guardado em grandes potes de vidro. Além da bebida, dentro de cada um deles jaziam, enroladas, várias cobras da região.

A Guerra do Vietnã permanece presente nas lembranças e nos monumentos espalhados pelo país. Foram vinte anos que deixaram mais de um milhão de mortos, quase todos do lado asiático. Por lá é conhecida como A Guerra Americana, ou Guerra de Resistência contra a América. Um museu, em particular, chama muito a atenção em Ho Chi Mihn. Foi inaugurado como "Centro de Exposições dos Crimes de Marionetes e Americanos", depois mudou o nome para "Exposição de Crimes de Guerra e Agressão" e hoje se chama "Museu dos Vestígios de Guerra". O que se vê ali não é um país cantando vitória por ter derrotado a maior potência bélica do planeta, mas sim uma lembrança marcante dos horrores da guerra.

A seção dedicada às armas químicas, por exemplo, requer estômago forte. Essas armas, que na época já eram proibidas pelas Convenções de Genebra, foram amplamente utilizadas pelos americanos nessa guerra, que só terminou em 1975. Imagens e descrições gráficas mostram os efeitos devastadores que o incendiário gás napalm e os vários herbicidas usados pelos americanos causaram. O mais famoso deles é o Agente Laranja, formulado e fabricado pela multinacional Monsanto. Além de devastar vastas áreas de cobertura vegetal, causou milhares de mortes terríveis. Até hoje, seus subprodutos causam malformações genéticas, câncer e incapacidade mental.

A República Socialista do Vietnã foi proclamada em 2 de julho de 1976. É um país que precisou se reerguer das ruínas. Os Estados Unidos impediram que outros países fora do bloco comunista o ajudassem, e a União Soviética acabou sendo o único socorro possível. Os países vizinhos na península da Indochina também sofreram durante a guerra, ou como consequência dela. Bombardeios ordenados pelo presidente Richard Nixon no Laos e Camboja arrasaram propriedades de camponeses nos dois países. Com isso, a adesão camponesa à guerrilha comunista foi maciça. No Laos, a monarquia sucumbiu a movimentos semelhantes em 1975, instalando-se a República Democrática do Povo do Laos. No Camboja, em maio do mesmo ano, o Khmer Vermelho (Khmer Rouge), liderado por Pol Pot, tomou a capital Pnohm Penh, proclamando o Kampuchea Democrático.

Camboja

O primeiro destino no Camboja, felizmente, foi a espetacular Siem Reap, antiga capital do império Khmer, hoje uma cidade turística com 140 mil habitantes. Dos lugares que visitei na Ásia, essa região ainda é minha recomendação número um. O espetacular templo de Bayon em Angkor Thom, com seus mais de duzentos enormes rostos serenos esculpidos em pedra, ou o templo de Ta Prohm, onde árvores portentosas e suas raízes engolem aos poucos as milenares ruínas, por si só valeriam a viagem.

Eles, contudo, tornam-se atrações menores diante do esplêndido e gigante Angkor Wat, o maior monumento religioso de todos os tempos. Construído no século XII como um templo hindu, foi aos poucos se transformando em um templo budista, com aspectos de ambas as religiões ainda presentes. Sobrevivente de guerras e invasões, o complexo de construções, aquedutos e jardins é um convite à contemplação e representa uma herança arquitetônica impressionante. Não é à toa que seu templo principal figura no centro da bandeira cambojana. A região toda pode ser tranquilamente explorada, até mesmo a pé ou de bicicleta. Os preços são muito acessíveis, com bons hotéis, restaurantes e eficientes guias. O povo local é extremamente simpático e prestativo. O sofrimento de guerras recentes em toda essa região não foi suficiente para tirar essa marcante característica, típica nos países budistas.

De lá, parti para a atual capital do país. Cidade muito marcada pelo regime sangrento e cruel do Khmer Vermelho, Phnom Penh é uma cidade interessante, mas com um ambiente completamente diferente de Siem Reap. Nela estão as marcas da guerrilha e de um regime brutal com suas terríveis sequelas. É uma experiência difícil visitar os memoriais e museus dedicados à guerra, mas é preciso conhecer este que foi um dos piores capítulos da história humana.

O Khmer Vermelho foi um regime de reação à invasão americana durante a Guerra do Vietnã e, posteriormente, causado também pela pressão de Hanói sobre a soberania cambojana. O movimento, formado na sua maioria por camponeses, se organizou no interior do país, chamando a população a unir-se contra os inimigos estrangeiros. Ironicamente, os Estados Unidos acabaram se tornando aliados desse regime de comunismo radical que se voltou contra o Vietnã comunista, fazendo valer a ideia perversa de que o inimigo de meu inimigo é meu amigo, mesmo que seja muito pior do que meu oponente.

Nos moldes da Revolução Chinesa, o líder Pol Pot desejava transformar o Camboja em um país eminentemente campesino. As populações urbanas foram deportadas para áreas rurais e submetidas a trabalhos forçados, na sua maioria em arrozais. Torturas e execuções sumárias estavam sempre na ordem do dia, quase sempre por motivos fúteis. Cerca de 2 milhões de pessoas, ou 25% da população, morreram nesse período. Entre os mortos pelo regime estavam 20 mil professores, quase toda a comunidade científica, e cerca de 90% de seus monges budistas.

O genocídio promovido nesse país está registrado em quase tudo e todos na região de Phnom Penh. Nos campos de trabalho, hoje melhor definidos como campos de morte, funcionava uma máquina de extermínio. Em Choeung Ek, local onde hoje está um dos memoriais do genocídio, foram encontrados mais de 9 mil corpos em dezenas de valas comuns, grande parte sem as cabeças, mortos de forma violenta com paus, machados ou qualquer outro método que não necessitasse das escassas munições. Mais de cinco mil caveiras estão expostas em uma estupa envidraçada no centro do memorial. Nas trilhas, entre a vegetação, é possível ver traços e pontos brancos no chão de terra batida, que são, conforme me informaram, vestígios de ossos humanos depositados em covas rasas por toda aquela área.

Em uma antiga escola secundária, na região central da capital, ficava o mais famoso dos 200 centros de tortura e morte do regime do Khmer Vermelho, e agora é outro memorial do genocídio (Tuol Sleng). Os mais de 20 mil presos que por ali passaram eram, em sua grande maioria, acadêmicos, pessoas com formação superior, professores, médicos, estudantes e monges, ou seja, pessoas cujo único crime era ser um potencial líder de alguma revolta contra o governo. Resolvi aqui não descrever as condições da Prisão de Segurança S-21, como era conhecida. As paredes e cercas de arame farpado do local pareciam gritar os horrores que ali aconteceram de forma rotineira, o que choca, sobretudo, por saber que esses eventos ocorreram nos anos 1970, e não em um longínquo período medieval.

A carnificina do Khmer Rouge só terminou quando tropas do Vietnã invadiram o país, em 1979. Pol Pot e alguns seguidores se refugiaram na fronteira com a Tailândia, patrocinados, principalmente, pelo apoio norte-americano, mas também pela China que, na época, era oposta ao regime vietnamita. A não ser, provavelmente, por sua consciência, o ex-ditador morreu de forma tranquila em 1998, aos 72 anos.

No lado mais aprazível, pode-se visitar na capital os palácios reais, seus belos monumentos e praças. Além disso, destacam-se a hospitalidade e simpatia de seus sofridos habitantes, que hoje vivem em uma monarquia constitucional, teoricamente democrática, mas que, na prática, é dominada por um único partido, com o mesmo primeiro-ministro no cargo há 35 anos.

Laos

Lan Chang, nome que significa "terra de um milhão de elefantes", reinou gloriosa do século XIII até seu ocaso, em 1975. Seguiram-se longos períodos de dominação siamesa (Tailândia) e ocupação francesa. Desde 1955, é um país independente que conhecemos como Laos. A monarquia durou 20 anos, até 1975, e, desde então, um regime comunista clássico e moderado, de partido único, governa os 6 milhões de habitantes.

Situada às margens do lendário Rio Mekong, Vientiane é uma cidade pequena e aprazível, considerada a capital mais pacata do planeta. Tem lugares muito interessantes e pode ser percorrida caminhando tranquilamente em uma tarde. Em frente à estupa dourada (Pha That Luang), um dos símbolos do país predominantemente budista, segui uma tradição local. Comprei um pequeno pássaro em uma gaiola e o libertei diante do monumento. Um ritual importante para um povo que foi escravo na maior parte de sua história conhecida. Como em outros exemplos históricos, um povo escravizado, por vezes, recebe um benefício duradouro que, obviamente, nunca é a intenção de seus opressores: um forte senso de identidade e união.

O fato que mais me marcou, contudo, não foram os belos templos budistas, nem o imponente Arco do Triunfo Patuxai, símbolo da independência da ocupação francesa e construído no belo estilo local. Gravei na memória algo que mais tarde também veria em outros países budistas, principalmente no Nepal e Sri Lanka: a felicidade silenciosa das pessoas que encontrei. Apesar de, ou, talvez, por viverem de forma humilde e com um passado carregado de sofrimento, quase todos ali estampam um sorriso sereno e são sempre muito prestativos, simpáticos e autênticos.

Mais recentemente, visitando uma caverna convertida em templo budista no interior do Sri Lanka, conversei com um monge e, entre outras coisas, perguntei-lhe qual seria o segredo dessa serenidade e alegria. A resposta foi imediata e sem hesitação: "O autoconhecimento". Como cristão, preciso reconhecer que temos muito a aprender com esses povos, que são confiantes sem serem arrogantes e autênticos no tratamento e nas relações, além de saberem viver muito bem com essa autenticidade. O tempo e o aprendizado com outras culturas mostram que ter a própria felicidade como objetivo perde completamente o sentido. Os motivos são vários. Emoção transiente impulsionada pelo ego, o desejo da autoindulgência nos força a correr sem parar e sem nos levar a lugar algum. Está ligado a uma procura externa, em vez de ser autoinduzida. Momentos de felicidade relacionados à satisfação pessoal se dissolvem rapidamente, gerando uma subsequente, nova e ansiosa busca, em um ciclo incessante.

Serenidade definiria melhor o que podemos almejar. Está mais ligada à nossa realização emocional e, para os que acreditam, espiritual. Uma sensação muito mais perene e que não está associada à euforia. Significa aceitar as pessoas como são, aprender com tudo o que estiver ao nosso alcance e frear a busca frenética por bens materiais e satisfação pessoal. Obviamente, não é tarefa fácil. Envolve, com contemplação e reflexão, andarmos na contramão da pressão que exercem o ambiente e a nossa própria mente. Nesse empenho árduo e necessário, altruísmo e autoconhecimento nos fornecem um mapa valioso.

Mongólia
A terra de Gengis Khan

Em 1162, nasceu o filho de um líder tribal da Mongólia, a quem chamaram Temujin. Nessa época, as estepes da região eram tomadas por guerras tribais, além dos conflitos com tradicionais inimigos vindos da China. O pai de Temujin foi morto em uma dessas guerras, quando ele tinha 9 anos, e o menino seria seu sucessor natural na liderança. Contudo, por ser ainda uma criança, foi rejeitado e forçado a abandonar a tribo com sua mãe e seus dois irmãos. Em mais um exemplo da influência materna na autoconfiança, a matriarca lhe deu um dia uma flecha e pediu que a quebrasse ao meio, o que ele fez facilmente. Em seguida, amarrou um feixe com várias flechas e, novamente, pediu que o quebrasse, o que agora parecia impossível. O menino guardou esse exemplo, de força pela união, como um princípio fundamental.

Temujin, hoje mais conhecido pelo seu nome adulto de Gengis Khan (*Chinggis Khan*), foi o líder que, após sangrentas e repetidas batalhas entre mongóis, tatars, uyghurs e outras etnias, conseguiu, em 1206, reunir as tribos da Mongólia, tornando-se o rei (Khan) dos mongóis. A partir daí, o império mongol iniciou uma expansão impressionante durante os reinados de Gengis e seus filhos. Os guerreiros mongóis, brutais e desumanos, espalharam terror e morte por onde passaram. Por outro lado, possivelmente sem querer, ajudaram a prevenir a dominação muçulmana sobre a Europa e abriram as rotas comerciais entre a Ásia e o Ocidente. Em determinado momento, o império mongol compreendia uma área imensa, da península da Coreia até a Bulgária, e do norte da Rússia até o sul da China.

As rotas abertas por Gengis Khan não foram só geográficas, pois acabaram sendo principalmente culturais. Trouxeram para o oeste as invenções chinesas, a sabedoria indiana, as especiarias, a arte oriental e muito mais. Em sua rápida expansão, trouxeram também a Peste Negra, que naquele século matou 30% da população europeia. Os chineses têm um ditado que diz que todos os povos serão, cedo ou tarde, dominados por aqueles que um dia dominaram. As ocupações chinesas e, mais tarde, soviéticas sobre a Mongólia parecem provar esse credo oriental.

Em uma fria manhã do outono de 2008, parti do terminal 3 do aeroporto de Pequim, o maior terminal de passageiros do mundo, para Ulan Bator (*Ulaan Bataar*), a capital da Mongólia. O voo transcorreu sem problemas, sobrevoando a província chinesa da Baixa Mongólia e o deserto de Gobi, em território Mongol. Próximo ao destino, o piloto avisou que ventos de cauda não permitiriam o pouso e que teríamos que retornar a Pequim. O principal aeroporto do país tem um dos lados da única pista bem próximo às montanhas, o que só permite pousos seguros em uma direção. De volta à China, retidos pela imigração, eu e os demais passageiros ainda aguardaríamos mais de 6 horas pela nova tentativa.

No lado positivo desse imprevisto, conversei por várias horas com uma senhora mongol que estava sentada ao meu lado no voo, chamada Sanjaasuren Oyun. No meio da conversa, quando mencionei ser brasileiro, ela me contou que era amiga e admiradora do ministro Celso Amorim, chefe do Itamarati na época. Só então revelou que era ministra de Relações Exteriores e membro do parlamento mongol. Mais tarde, descobri que Oyun teve o único irmão assassinado na revolta política de 1992, na Mongólia. Uma estátua, perto do congresso em Ulan Bator, o lembra como o único mártir da transformação democrática do país. Oyun é Ph.D. em Geologia pela Universidade de Cambridge e ocupou, posteriormente, o cargo de presidente da Assembleia do Meio Ambiente nas Nações Unidas. Muito acessível, inteligente e simpática, demonstrava a sofisticada simplicidade do povo que eu encontraria na Mongólia. Por mais espertos que pensemos ser, sempre haverá alguém para nos dar uma lição de humildade.

Dado o tempo de espera pela segunda tentativa de chegar ao país, só no final da noite finalmente aterrissamos no aeroporto Gengis Khan, na capital mais fria do mundo. A temperatura de 18 graus negativos antes do início do inverno corrobora esse dado. A infraestrutura das estradas, os carros, as construções etc. vão demonstrando a simplicidade e os parcos recursos da nação. É perceptível a influência da arquitetura soviética, fruto dos anos de domínio político do império comunista. A estética associada ao frio intenso e o alfabeto cirílico tornam aquela paisagem familiar em razão do período que passei na Rússia nos anos 1990. Parece um lugar congelado no tempo e, mesmo assim, me senti bem por ali desde a chegada. Via de regra, minhas experiências me levam a crer que o espírito de um povo é sempre sentido nas primeiras horas de contato.

Na manhã seguinte, caminhei até a praça central (Praça Sukhbaatar). A leste, avistei a casa de ópera; ao sul, o teatro; e ao norte, o prédio do parlamento mongol, dominado pela imponente estátua de, é claro, Gengis Khan. O Museu Histórico da Mongólia guarda artefatos tribais, vestimentas de várias épocas e um interessante painel que cobre desde a revolução cultural do período comunista até a recente transição para a democracia, no início dos anos 1990. Praticamente não há construções históricas antigas em razão da tradição nômade dos nativos, que ainda compreendem um terço da população mongol, ou cerca de um milhão de habitantes, e sempre moraram em tendas redondas chamadas *ger*, presentes até hoje por toda a Mongólia.

Apesar de conservarem as tradições, os nômades estão longe de lembrar a imagem dos violentos guerreiros que um dia aterrorizaram metade do mundo. As pessoas são simpáticas, apesar de uma notável timidez. O russo ainda é a segunda língua, e poucos falam inglês, reafirmando a influência cultural soviética. As mulheres, com rostos expressivos e bonitos, são carinhosas umas com as outras e, como na Rússia, procuram se vestir bem, ainda que por vezes usem adereços e cores extravagantes. Os homens, que em geral aparentam ser duros, são na realidade muito simpáticos, prestativos e honestos, no comportamento e no trato.

O memorial sobre o Monte Zaisan, nos arredores da cidade, é um monumento puramente soviético. O taxista me levou até o pé do monte e de lá subi mais de 300 degraus. A subida é íngreme, e o vento intenso parece penetrar nos ossos, mas o esforço vale a pena. A vista da cidade e dos montes cobertos de neve é espetacular. Uma enorme estátua dourada do Buda, ao lado do monte, também chama a atenção. De volta à capital, o Monastério de Gandan vale a longa caminhada desde o centro da cidade. Muitos monges e peregrinos budistas cumprem ali o ritual de girar os cilindros de oração e orar diante da estátua de 26 metros do Buda, folheada a ouro e cravejada com pedras semipreciosas. Nas paredes, milhares de pequenos Budas, organizados em prateleiras, completam a rica decoração.

Na despedida dessa terra de estepes, desertos e montanhas, parti cedo com a empresa local, *Mongolian Airlines*, rumo a Seul. No voo, sentei-me entre dois mongóis que poderiam trabalhar como guerreiros em um filme épico de Gengis Khan. Com suas mãos calejadas e visivelmente sofridas, comiam como se aquela fosse sua última refeição. Cheiravam a tabaco e a outros aromas menos nobres. Mesmo assim, eram cordiais à sua maneira. A Mongólia é uma terra de guerreiros, de glória e sofrimento que formaram um povo isolado, pouco numeroso e de muito valor.

Cazaquistão
Enorme e desconhecido

Como uma criança em uma loja de brinquedos, percorri o Zelyony Bazaar (Mercado Verde) de Almati, o maior mercado público do Cazaquistão. Visitas a lugares como esse, em especial no leste europeu, Ásia Central e Oriente Médio, têm para mim interesse muito mais cultural do que comercial. Invariavelmente, reafirmam minha certeza de que são a melhor exposição de realidade de um povo e onde se entende mais rapidamente uma cidade. Herança do período soviético, o local impressiona pelos amplos pavilhões de produtos alimentícios, setorizados por frutas, verduras, grãos, queijos, mel e carnes, com destaque para a especialidade local, a adocicada carne equina. Do lado de fora, todo o entorno é um imenso labirinto de bancas com artesanato, vestuário, flores, música e o que mais se possa imaginar. É um espetáculo para os cinco sentidos, onde eu poderia passar o dia todo, ou vários. Os vendedores são simpáticos à sua maneira, sem serem ostensivos. Esperam sempre que o cliente tome a iniciativa. A diversidade étnica, no mercado e em toda a cidade, torna esse teatro do cotidiano ainda mais interessante, coroando aquilo que o poeta Arthur Rimbaud chamava de "espírito do lugar", que é sempre difícil de colocar em palavras.

Do alto do pavilhão principal, eu tirava algumas fotos quando notei que algumas vendedoras me acenavam lá de baixo. Acenei de volta, e uma senhora apontou para um enorme aviso, que eu obviamente não tinha visto, indicando a proibição de fotografias e filmagens. De longe, me desculpei e voltei ao piso térreo, onde em seguida apareceu um cidadão falando em cazaque, a língua local variante do turco. Pelo que pude captar, pela expressão e pelos gestos, pedia que eu apagasse as fotos. Fiz-me de desentendido, sorri e apertei sua mão. Ele me olhou por um instante, achou engraçada a minha reação e me ofereceu um dos potes de mel que vendia. Palavras não são tudo, e, às vezes, um sorriso faz milagres.

Independente desde 1991, o Cazaquistão é a maior nação do mundo sem acesso ao oceano, ocupando vasta área da Ásia Central, a oeste dos Montes Urais. O nome vem de *Kazakh*, que quer dizer viajante, indicando a natureza nômade dos antigos habitantes da região, os cossacos. O russo, segunda língua oficial, e o alfabeto cirílico vieram dos eslavos. Abundantes reservas de petróleo e gás natural explicam a ótima infraestrutura e o desenvolvimento que vi por ali. A quantidade de alunos uniformizados e engravatados saindo das escolas em pleno sábado evidencia a prioridade na educação de qualidade, o que sempre é indicativo de um futuro promissor para uma nação.

As pessoas são cordiais e atenciosas, na sua grande maioria com os traços orientais dos cazaques, que representam 70% da população. Almati (*Alma-Ata*) é a maior cidade e o centro econômico, com 2 milhões de habitantes, ou 12% da população do país, concentrados na região montanhosa da fronteira com o Quirguistão. Até 1997, foi a capital dessa antiga república soviética, que já havia sido dominada pelo Império Russo. Um fogo cruzado cultural influenciou toda essa região, com mongóis, russos, chineses, persas e outras etnias vindas de todas as direções.

Após visitar o rico Museu Estatal do Cazaquistão e o antigo Palácio Presidencial, atravessei a longa Avenida Furlanov em direção ao Parque Pavlov, o maior da cidade. Um monumento aos mortos da Segunda Guerra exalta os soviéticos e a proteção que ofereciam durante o período da cortina de ferro. No centro da praça, a Catedral Ortodoxa da Ascensão foi o único prédio alto sobrevivente em um terremoto que sacudiu a cidade em 1911. Entrei para admirar os belos e tradicionais ícones e apreciar os cantos monofônicos da liturgia ortodoxa russa. Três-quartos dos cazaques praticam o islamismo, e minha próxima visita foi à Mesquita Central. O templo para 7.000 fiéis é revestido em mármore e tem o majestoso pórtico e as cúpulas douradas ricamente decorados com versos do *Alcorão*. Na saída, parei em frente a um teatro para observar o elegante público que entrava para assistir à ópera Carmen, em mais um indicativo de que a cultura ocupa um espaço importante na sociedade local.

Deixei Almati com uma resposta clara para a questão que sempre me faço após cada nova experiência e que define se me dedicarei a narrá-la. É um critério absolutamente pessoal, que de forma alguma desmerece países, cidades ou paisagens: o espírito do lugar e as pessoas que encontrei transformaram, ao menos um pouco, minha consciência e a forma que vejo o mundo? Almati é uma cidade pouco conhecida, em um país do qual pouco se fala, fora do circuito mundial. Apesar disso, praticamente não vi padrões culturais ou de consumo importados, nem a ansiedade por ser e agir como europeus e americanos. O que senti nos cazaques foi serenidade e segurança em sua identidade própria. Objetivos, sejam eles coletivos ou pessoais, de curto ou longo prazos, precisam ser, antes de tudo, autênticos e independentes.

Nepal
Espiritualidade e sincretismo

Sob o céu azul e a visão das montanhas geladas do Himalaia, desembarquei no pátio do Aeroporto Internacional Tribhuvan, no Vale de Catmandu. O Nepal era o centésimo país em que eu colocava os pés. Muito mais importante do que um número redondo, pensei nas incontáveis experiências e, especialmente, nas inúmeras pessoas que me inspiraram e me ensinaram muito em todos esses lugares. Conhecer mais sobre o mundo nos leva, invariavelmente, a descobrir que muitas vezes o aprendizado real é aquele que vem de dentro. O que vivemos e sentimos no mundo palpável, na verdade, desperta aquilo que mora em nós.

A populosa capital desse pequeno país, prensado entre os gigantes Índia e China, é uma metrópole de 4 milhões de habitantes. A cidade havia sido duramente castigada em 2015 por dois terremotos devastadores, e o estrago ainda é visível em muitos prédios e monumentos. O tráfego intenso e a poluição já eram esperados, e o que eu também esperava era a hospitalidade e gentileza que encontrei, características marcantes da combinação de um povo sofrido com a forte influência das religiões orientais. No Nepal, mais do que em qualquer outro lugar que estive, há um sincretismo claro entre hinduísmo e budismo, embora a primeira seja a religião oficial de 80% dos nepaleses. A expectativa foi felizmente confirmada. Com todos que interagi, senti uma nobre humildade e intrínseca alegria, só comparáveis a lugares como Laos, Camboja, Mongólia e Vietnã.

Um guia de etnia tibetana me levou aos principais locais de interesse da região. O primeiro destino foi Patna, um dos três antigos reinos do Nepal. A região central (Durbar) de Patna não foi muito afetada pelos terremotos de 2015. Os belos jardins internos dos palácios e templos são muito ricos, com detalhadas esculturas em madeira.

Famílias celebravam ali o primeiro dos 3 tradicionais casamentos das filhas. Nesse caso, todas com 10 ou 11 anos de idade, se casavam com o Sol. O segundo casamento é com uma fruta, o pomelo, e o último, já na idade adulta, envolve finalmente um noivo de carne e osso. Havia muito entusiasmo e alegria naquelas famílias orgulhosas de suas tradições.

A próxima visita foi ao antigo reino de Bhaktapur, antiga capital do Nepal. A região central da cidade é ainda mais grandiosa e bem conservada que Patna, com muitas esculturas, quase todas em pedra. A vista do Himalaia do topo do templo mais alto do país oferece o pano de fundo ideal para os demais templos de vários deuses hindus. Ali nota-se claramente que não existe uma separação clara entre as religiões budista e hinduísta no Nepal. Alguns nativos me explicam que a experiência espiritual é muito semelhante nos dois rituais.

De volta a Catmandu, a impressionante Estupa, ou *Chayka* de Boudhanath e seus vários monastérios oferecem uma experiência única. A segunda maior estupa do mundo é um monte artificial com a base em formato de mandala. Nos monastérios que a circundam, vi muitas estátuas de deuses hindus, em pleno território budista. Essa forma de sincretismo me parece saudável, uma vez que une em vez de separar, sendo um exemplo de profundo respeito e adoção da crença e cultura alheias. A estupa impressiona pela dimensão e pelo simbolismo. A cúpula representa o universo, encimada pela torre com os olhos do Buda, o símbolo no nariz do Nirvana e pelos 13 degraus da iluminação budista. As bandeiras, nas cinco cores do Buda, tremulam da base até o pináculo, com seus versos e orações levados simbolicamente pelos ventos.

Segui na carona de um táxi motocicleta até a região central da cidade. Foi interessante ter a experiência de andar sobre duas rodas no trânsito caótico das ruas, e até mesmo por calçadas tomadas de pedestres na área central de Thamel. Por outro lado, sem capacete por ruelas irregulares, eu torcia para que chegássemos logo ao destino. O Durbar (praça central) de Catmandu é o terceiro e mais antigo reino nepalês. Ali nota-se o efeito destruidor dos recentes terremotos, com palácios e templos que resistiam desde o século XII agora sendo completamente reconstruídos.

Um dos locais que chamou a minha atenção foi o templo residência Kumari Ghar. Kumaris são meninas deusas escolhidas por dezenas de atributos físicos e metafísicos. Tornam-se deusas vivas no hinduísmo e seriam a reencarnação da deusa Taleju. A Kumari de Catmandu é a mais famosa e venerada. Aguardei para vê-la no jardim central da casa onde mora e de onde só sai para procissões e festivais. A menina é sempre carregada, jamais toca os pés no solo, até o dia de sua "aposentadoria", que acontece quando chega a puberdade. Fiéis e alguns turistas se amontoavam no jardim interno da casa, quando de repente alguém gritou: "Kumari!" e uma criança de 5 ou 6 anos apareceu na janela central do último andar. Olhava desinteressadamente, parecendo um pouco chateada com aquela atenção toda. Após alguns segundos, desapareceu. Alguns devotos ficaram ali rezando, enquanto curiosos como eu se dispersavam. Essa controversa tradição é milenar, e as famílias consideram uma honra ter uma de suas filhas como a escolhida.

Conta a história que, há 2.500 anos, um príncipe nepalês chamado Sidharta abandonou uma rotina confortável para buscar o real sentido da vida. Em sua busca, alcançou o que chamou de iluminação, ou Nirvana, ao descobrir que a raiz de todo sofrimento humano está no desejo. Tornou-se o Supremo Buda, o desperto. Essa iluminação pode ser comparada à busca pelo alto, ou por aquilo que o mundo real não consegue oferecer. As grandes religiões monoteístas, por exemplo, chamam esse objetivo de paraíso, Reino de Deus, Pleroma etc. Cada denominação, à sua maneira, simboliza um estado de plenitude, de luz e conhecimento. A religião é consequência pura da natureza humana, e como tal encontra pontos comuns, seja qual for a denominação. Infelizmente, diferenças na forma, e não no conteúdo, já fizeram correr rios de sangue pelos quatro cantos do planeta.

Na última noite, caminhei por horas pelas ruas estreitas, lotadas de pessoas e mercadorias, em um espetacular festival de cores e simpatia. Pela primeira vez, acho que entendi por que os povos desses países parecem não ter sido alvo direto do cristianismo. A mensagem cristã de amor e compaixão pode ser de alguma forma redundante por ali. Mesmo (ou quem sabe por serem) tão sofridos, carregam consigo solidariedade, serenidade e alegria inigualáveis. Do topo de um prédio do Durbar, encerrei minha visita a Catmandu com uma saborosa cerveja local "Everest". No voo de retorno, um nepalês me apontou o ponto mais alto do planeta. O Everest parece só mais um pico, misturado a tantos outros. A cordilheira do Himalaia abriga dez das quatorze montanhas da Terra com mais de oito mil metros, oito delas no Nepal. Espero voltar um dia para conhecer mais da beleza natural do país e caminhar pelas trilhas montanhosas da região, longe da poluição da capital e mais perto da alma dos nepaleses.

Brunei
Riqueza e silêncio

Cinco monarquias absolutas e hereditárias ainda restam no século XXI. Refiro-me aos países onde o soberano, não eleito, concentra em si todos os poderes do Estado. O monarca absoluto com mais tempo no trono é Hassanal Bolkiah, coroado sultão de Brunei Darussalam há 52 anos. Antes da partida de Singapura para Bandar Seri Begawan, capital do sultanato islâmico, um vídeo convida os passageiros da Companhia Aérea Real de Brunei a orar por alguns minutos. Na sequência, uma advertência governamental apresenta uma lista de crimes, que aparecem na tela seguidos da frase "serão punidos com [...]". A tela escurece e uma palavra surge em letras vermelhas garrafais: "morte". Dado o amistoso recado, sobrevoamos a costa da ilha de Bornéu. Encravado entre territórios da Indonésia e Malásia, o pequeno país existe há mais de 600 anos. Nas últimas décadas, grandes reservas de petróleo e gás natural fizeram de Brunei a quinta nação do planeta em riqueza *per capita* (dados do FMI).

As mesquitas com os nomes de Hassanal Bolkiah, na cercania do aeroporto, e Omar Ali Saifuddien, nome do pai do atual sultão, no centro da cidade, impressionam pela riqueza, grandeza e opulência, difíceis de serem explicadas em palavras. No bairro Kampong Ayer, a vida acontece sobre palafitas, em uma vila aquática de mais de 6 séculos ao longo do Rio Brunei. É uma experiência interessante caminhar sobre os 38 km de plataformas que conectam casas, escolas, hospitais, mesquitas e o comércio local. Ali vive a parcela da população menos abastada, mas, mesmo assim, bem provida em todos os aspectos básicos. A educação, baseada no sistema britânico, o sistema de saúde, a infraestrutura e vários eventos de entretenimento são oferecidos gratuitamente. A população, de pouco mais de 400 mil habitantes, é isenta de imposto de renda e de impostos sobre produtos e serviços. Um passeio de barco propicia uma amostra da esplêndida flora e fauna das florestas tropicais de Bornéu, com suas espécies únicas de pássaros e macacos.

Caminhando pelas ruas imaculadas e quase desertas da capital, observei de repente uma intensa movimentação de pessoas, que se alinhavam pelas calçadas. A comitiva que desceu de dezenas de carros Rolls-Royce não deixava dúvidas sobre a presença do sultão, que naquele final de semana de julho estava comemorando seu aniversário. Ao vê-lo cumprimentar um por um de seus alinhados súditos, observei de perto a reverência ao monarca, que para a maior parte deles representa uma semidivindade.

Hassanal Bolkiah foi o indivíduo mais rico do mundo nos anos 1990, quando chegou a levar Michael Jackson por duas vezes a Brunei para celebrar seu aniversário. Além de ser o Supremo Chefe de Estado, considerado infalível por lei, exerce os cargos de primeiro-ministro, ministro da Defesa, ministro das Finanças, chanceler, líder da religião no país, o Islamismo sunita, e inspetor-geral de Polícia. Com formação militar britânica, por vezes ainda pilota helicópteros da Força Aérea e aviões comerciais da companhia aérea estatal. A palavra dele é a lei.

Após uma hora de caminhada até os arredores da cidade, avistei os bem guardados portões de *Istana Nurul Iman*, que em malaio significa Palácio da Luz da Fé. É o maior palácio residencial do mundo, com 200 mil metros quadrados, mais de 1.700 quartos, 257 banheiros e pelo menos 2.500 veículos nas garagens, incluindo cerca de 500 Rolls-Royce, centenas de Ferraris, algumas raríssimas, e vários carros de Fórmula 1. O sultão tem 12 filhos, com suas três esposas. Além da extravagância explícita, o monarca se envolveu em vários episódios bastante controversos. No mais recente, em 2019, liderou a iniciativa que oficializou a pena de morte por apedrejamento para mulheres adúlteras e homossexuais. Seguiram-se movimentos mundiais de boicote às empresas de propriedade do sultão, que incluem redes mundiais de hotéis, companhias aéreas e bancos de investimento.

Casualmente, conheci os outros países que resistem como monarquias absolutas: Emirados Árabes, Omã, Catar e Arábia Saudita. Em comum, destacam-se a abundância de petrodólares, o relativo bem-estar e entretenimento oferecidos à população nativa e a lei islâmica, a *Shariah*, aplicada em processos criminais.

No nível pessoal, senti nos nativos um alto grau de conformismo e estagnação cultural. Nas conversas em que mencionei sutilmente política ou liberdade de expressão, a resposta é sempre a mesma: o silêncio. A estabilidade pode ser má conselheira, e o pensamento livre brota mais facilmente na escassez e na crise. De forma darwiniana, a evolução pessoal quase sempre precisa de uma ajuda externa. A equilibrada busca por estabilidade, em situações por vezes adversas e conflitantes, é que, em geral, nos torna pessoas melhores. O futuro dirá se, e por quanto tempo, estes e outros regimes não democráticos poderão ser mantidos de forma sustentável. Pessoas e grupos, muitas vezes, preferem sacrificar sua liberdade por uma esperança de segurança física e econômica. Fora de ilhas de abundante riqueza como essas monarquias, o resultado tende a ser desastroso.

Jogjacarta
Uma joia javanesa

Países complexos, com dimensões continentais, populosos e heterogêneos, não podem ser resumidos em algumas frases ou mesmo páginas, sob risco de incorrer em generalizações sem sentido. China, Índia, Estados Unidos, Rússia e Brasil são exemplos típicos. Nesses casos, é melhor concentrar-se em regiões e povos inseridos nesses oceanos de diversidade.

A Indonésia é também um desses países. Seus 250 milhões de habitantes, a maior população islâmica do planeta, são distribuídos de maneira não uniforme no maior arquipélago do mundo, com mais de 17 mil ilhas. Jogjacarta é a menor província da Indonésia e a única ainda hoje governada por um pequeno sultanato, *status* concedido como agradecimento à monarquia local pelo apoio oferecido durante a Guerra da Independência, no final dos anos 1940. Após dias intensos de trabalho na caótica capital Jacarta, foi um alívio aterrissar nessa tranquila e histórica região central da Ilha de Java, turisticamente ofuscada pela popular costa oriental javanesa e pela vizinha Ilha de Bali.

Contrastando com a religião eminentemente islâmica na região desde o século XVI, o que me levou a essa parte do país foram seus monumentos budistas e hinduístas, construídos há mais de 1.200 anos pela dinastia Sailendra. Os templos de Borobudur e Prambanan são os pontos de maior interesse, emoldurados pela densa floresta equatorial. Borodubur, o maior templo budista do mundo, tem 6 plataformas retangulares formando a mandala principal e 3 níveis superiores em formato circular. Milhares de painéis em baixo-relevo e mais de 500 estátuas relatam a história e os princípios da filosofia budista. No topo, 72 estátuas do Buda, cobertas por estupas vazadas, completam o impressionante cenário. Os monarcas hinduístas do século VIII permitiram que a população budista construísse esse templo, em mais um exemplo de respeito e sincretismo entre as duas religiões.

Mais próximo à cidade, o complexo hindu Prambanan foi erigido no mesmo período. Os templos são dedicados a Trimurti, tripla divindade representada pelo criador Brahma, o sustentador Vishnu e o transformador Shiva. Estão inseridos em um bem cuidado e florido parque. A típica arquitetura pontiaguda hinduísta, assim como estupas budistas, torres de igrejas cristãs e minaretes de mesquitas, remetem ao alto, convidando ao descolamento de nossa individualidade. No budismo, e de certa forma no hinduísmo, a questão do sentido da existência parece ser bem menos relevante. A base filosófica está em mergulhar na corrente da vida, deixando que a pergunta se dissolva.

Apesar de alguns inevitáveis danos ao longo de tanto tempo, as pedras perfeitamente encaixadas dos templos dessa região resistiram a mais de mil anos de terremotos, vulcões, guerras e vandalismos. Monumentos milenares como esses nos fazem pensar nas gerações de devotos que por ali passaram. Da mesma forma, nos fazem ponderar sobre nossa finitude e relativa insignificância, sugerindo que nossos propósitos sejam mais abrangentes do que limitados desejos individuais.

Pelas ruas de Jogjacarta, a arquitetura do tempo colonial e as dezenas de mercados típicos ao ar livre dão um ar agradável à movimentada cidade. Animadas conversas com os simpáticos nativos mostram aspectos que não se aprendem de outra forma. Sorridentes e sempre dispostos a ajudar, pediam insistentemente (sem sucesso!) que eu provasse o fétido e supostamente saboroso Durian, que chamam de o rei das frutas. Graças ao aroma repugnante, a fruta é proibida em quase todos os hotéis do sudeste asiático.

A Indonésia é um país com múltiplas nações e culturas diferentes, marcado pela natureza exuberante e um povo vibrante. Como em qualquer jornada fora da zona de conforto ocidental, por vezes, é necessária alguma adaptação para que o lugar seja apreciado, assim como esforço mental para ser devidamente compreendido. O certo é que cada visita traz sempre valioso aprendizado e surpreendente inspiração.

Sri Lanka
Natureza e cultura no antigo Ceilão

Em março de 2020, enquanto países fechavam suas fronteiras devido à pandemia do coronavírus, precisei decidir se manteria uma viagem de trabalho à Índia. Dois dias antes da partida, o visto de entrada indiano em meu passaporte italiano foi cancelado, resultado da situação dramática em que a Itália se encontrava. Como alternativa, solicitei um visto de emergência em meu passaporte estadunidense. Com o documento em mãos, parti para o país de Gandhi. Além da agenda de trabalho, decidi manter meu plano original de passar alguns dias no Sri Lanka.

Logo após a chegada à Índia, meu segundo visto também foi cancelado, e a entrada de estrangeiros bloqueada. Terminados os compromissos profissionais, parti de Chennai, no sul da Índia, para Colombo, a maior cidade do Sri Lanka. Estava apreensivo, pois na volta teria que retornar a Délhi para uma conexão, agora sem visto de entrada válido.

Como uma lágrima que cai do subcontinente indiano na entrada da Baía de Bengala, a ilha-nação do Sri Lanka é um entreposto da rota marítima da seda há mais de dois mil anos. Em seu passado colonial, chamou-se Ceilão com a chegada dos portugueses em 1505. Seguiram-se os domínios holandês e inglês, sob o nome de Ceylon. A independência só veio em 1948, e desde 1972 o país se chama República Socialista Democrática do Sri Lanka.

Pelas ruas de Colombo, encontrei uma cidade limpa, arborizada e com um povo muito simpático e hospitaleiro. A ausência de turistas nesse período fez com que eu encontrasse os principais pontos de interesse turístico quase vazios. Na área central, a simbólica Torre do Relógio Khan é a primeira referência. Sobre a mesma rua, a residência presidencial é uma bela mansão, cercada pela biodiversidade característica do clima tropical. Percebi pouca proteção policial, o que, espero, seja um bom sinal. O país teve 26 anos de guerra civil, até 2009. Desde então, viveu um período de tranquilidade, até que na Páscoa de 2019 oito radicais islâmicos suicidas deixaram 267 mortos e mais de 500 feridos em três comunidades de minorias cristãs.

A arquitetura da Estação Ferroviária do Forte, do Centro Comercial Cargyll, do antigo parlamento e de muitos prédios clássicos remetem ao passado colonial desse país de 21 milhões de habitantes que agora ocupa a segunda posição em renda *per capita* no sul da Ásia. A origem da maioria da população (75%) é singalesa, nativos da ilha desde antes da chegada dos europeus. A mistura com os colonizadores criou uma etnia, os burgher, que falam uma mistura de português, holandês e a principal língua local, o singalês. Mesmo sendo um estado oficialmente laico, a religião, predominantemente budista, está costurada na constituição e presente no dia a dia. Um decorado *tuk-tuk* me leva até o Templo Gangaramaya, enorme complexo de veneração e educação budista. Em meio à arte religiosa, me apontaram um relicário dourado que guarda um fio de cabelo, supostamente do próprio Buda.

Após 4 horas de estradas estreitas e esburacadas, cheguei ao templo Dambula, que ocupa cavernas naturais com harmoniosa decoração e muitas estátuas. Ali tive a oportunidade de conversar com vários monges e fiéis. Os temas foram variados, mas uma das mensagens que levei é a de que diante de um mundo envolto em conflito, controvérsia e intolerância, deixamos de canalizar nossa energia na busca do autoconhecimento e afundamos na ignorância, a raiz de todo o mal para os budistas.

Não muito longe dali está o local que eu mais queria conhecer: a cidade e a Fortaleza de Sigiriya. Sobre uma coluna de rocha de 200 metros de altura, cercada por magníficos jardins e lagos, o rei Kashyapa construiu seu palácio, no ano de 477. Os afrescos nas pedras, o enorme leão que serve de portal e as fundações preservadas da cidade, do palácio e seus jardins tornam Sigiriya o mais importante exemplo preservado de planejamento urbano do primeiro milênio.

Deixei o país feliz por não ter desistido da viagem. O que viria em seguida já indicava o fim da normalidade: funcionários nos aeroportos em trajes "espaciais", as várias checagens de temperatura e repetidas perguntas dos agentes de saúde, ainda confusos sobre os sintomas causados por um vírus pouco conhecido. Os novos procedimentos e o atraso no primeiro voo me fizeram atravessar o aeroporto correndo como um fugitivo, com a porta da aeronave se fechando assim que embarquei. Cinco minutos a mais e eu estaria retido no limbo diplomático da área internacional do Aeroporto Indira Gandhi sem poder entrar na Índia. Ao aterrissarmos na Inglaterra, o piloto pediu que todos ficassem sentados, enquanto um batalhão de ambulâncias cercava a aeronave. Seria preciso retirar um passageiro que tossia muito e estava com febre alta. Após horas de espera, desembarcamos na nova surrealidade da pandemia.

Fronteiras
Coreias e Chipres

Parti cedo de Seul, percorrendo uma estrada praticamente deserta. É um longo corredor, com paredes altas de arame farpado, guaritas blindadas e camufladas. São apenas 50 quilômetros até Panmunjon, como é conhecida a Área de Segurança Conjunta (JSA) entre as duas Coreias. Os nomes, dados às áreas de fronteira entre as duas Coreias, hoje perderam seu significado. A Zona Desmilitarizada (DMZ), ao longo de toda a fronteira, hoje está povoada por militares. Como a DMZ, a chamada Área de Segurança Conjunta foi definida pelo armistício de 1953, que iniciou a trégua na Guerra da Coreia que persiste até hoje. O termo "conjunta" devia-se à ideia original de criar uma área com livre-tráfego de militares do sul e do norte. Ali se davam as negociações entre os dois países, em casas azuis sobre a fronteira.

A convivência nunca foi completamente pacífica, e a propaganda e provocação dos dois lados eram permanentes.

Os soldados americanos que integravam a JSA tinham de ter no mínimo 1,83 m, como forma de intimidação. Contudo, tudo ia relativamente bem, até que, em agosto de 1976, a simples poda de uma árvore quase desencadeou uma nova guerra. Galhos de um álamo estavam bloqueando a visão entre uma guarita e um ponto de observação, e um destacamento de sul-coreanos e americanos foi convocado para podá-los. Soldados norte-coreanos tentaram pará-los, alegando que não haviam sido consultados, desautorizando o corte. A discussão foi rapidamente às vias de fato. Um capitão e um tenente americanos acabaram sendo mortos pelos norte-coreanos, que usaram como armas os machados e as foices do inimigo.

Washington foi imediatamente alertada, e o secretário de Estado Henry Kissinger chegou a ordenar um ataque às barracas inimigas. O presidente Gerald Ford parou o ataque, mas ordenou que a árvore fosse cortada. De um modo surreal e infantil que guerras sempre oferecem, uma operação, que contou com helicópteros Cobra e centenas de soldados, foi desencadeada, e a árvore foi totalmente podada, restando só o tronco. Os norte-coreanos, apesar de ameaçarem atacar inicialmente, resolveram deixar por isso mesmo. Sentiram-se até vitoriosos, visto que o saldo negativo de uma árvore não representava tanto diante da morte dos dois soldados do inimigo.

Desde esse incidente, a JSA deixou de ser conjunta, e uma pequena barreira de concreto passou a separar as duas Coreias naquela pequena área. Até hoje, soldados da mesma etnia coreana se encaram por 24 horas, parcialmente protegidos pelas casas azuis da fronteira. Na chegada à JSA, um soldado americano nos conduziu até a tensa linha entre os dois países. Visitamos as barracas sobre a fronteira, que pela manhã são policiadas pelos sul-coreanos. Uma mesa de reuniões fica bem ao centro. Tecnicamente, entrei na Coreia do Norte, atravessando até o outro lado da sala. O recruta advertiu: "Passe a porta do lado de lá e estarás nas mãos do homem-foguete", como se referiu o "homem-cenoura" Donald Trump ao mencionar o líder comunista Kim Il Sung.

De volta à parte sul-coreana, o soldado-guia, de costas para a Coreia do Norte, nos falou sobre a superioridade física dos sul-coreanos, apontando para a baixa estatura e desnutrição dos inimigos do norte. Em uma incrível ironia do destino, naquele exato momento, notei que as pernas de um soldado sulista começaram a tremer e ele saiu cambaleando em direção à mureta de concreto que serve como fronteira. Observei um soldado norte-coreano colocar a mão em sua arma. O militar foi socorrido pelos companheiros e trazido para trás das barracas. Contrariando a propaganda que estávamos escutando naquela hora, os subnutridos e fracos norte-coreanos permaneciam em pé, certamente com um sorriso contido pela ironia da situação. No dia seguinte, um militar norte-coreano acelerou seu jipe sobre a fronteira em uma tentativa desesperada de fuga. Foi baleado diversas vezes por seus companheiros de exército, mas, mesmo assim, sobreviveu. Foi socorrido por soldados sul-coreanos. A Coreia do Sul fornece asilo imediato a todos aqueles que conseguem fugir de seu vizinho do norte.

Costumamos enxergar fronteiras, cercas, muros, do lado de dentro, sob o ponto de vista da área supostamente protegida. Sempre é bom perguntar também como é o ponto de vista da parte excluída, por vezes dentro e em outras vezes fora desses limites. O objetivo principal da invenção das cidades e países foi proteção. Hoje, boa parte das grandes cidades se tornaram uma nova selva, e buscamos nos proteger com cercas, muros, alarmes e sistemas de monitoramento, comprovando a máxima do autor Romano Plauto de que o homem é o lobo do homem. Parece-me uma injustiça. Aos lobos.

Outra fronteira singular divide uma pequena ilha no Mar Mediterrâneo. O Chipre se divide entre a República do Chipre no lado sul, país reconhecido oficialmente pela ONU, parte da Comunidade Europeia e com cultura eminentemente grega, e a República Turca do Chipre do Norte, país reconhecido somente pela Turquia, e onde a cultura e os costumes turcos predominam. Os turcos ainda emprestam a lira turca e seu potencial militar como proteção, além de levas de imigrantes turcos que povoam a região. A capital Nicósia é comum aos dois países, e a fronteira é marcada por uma zona, aqui, sim, desmilitarizada. Em Nicósia, eu passei de um lado ao outro com a família. Os agentes de imigração, improvisados em contêineres, fizeram o procedimento dos dois lados. A zona desmilitarizada em Nicósia corresponde a uma quadra de largura, onde casas e prédios abandonados fornecem uma cena surreal, congelada no tempo. Trincheiras de ambos os lados nos lembram que estamos em uma área de conflito desde 1983, quando cipriotas gregos fugiram para o sul da ilha, enquanto os de origem turca seguiam no sentido oposto.

Nessa capital dividida, a única no mundo, a cidade muda completamente de um lado a outro. Entrar na parte norte oferece diferenças radicais. As ruas, mesquitas, praças e o povo alegre dali nos dão uma recepção bastante calorosa e agradável. Tentei explicar aos meus filhos algumas diferenças entre os dois lados, mas notei que o que eles mais gostaram foram as fartas e saborosas refeições em restaurantes típicos, sempre com preços bem mais baixos que no Chipre grego. Meu gosto pela comida turca e árabe deve ter sido passado pelos genes, o que também se comprovou meses mais tarde em outra viagem com a família ao Marrocos. Ver nossas crianças correrem alegres pelos impecáveis tapetes da magistral mesquita Selimiye, provocando simpáticos sorrisos dos fiéis que ali rezavam, mostra mais uma vez que animosidades, medos e preconceitos corroem inutilmente a natureza humana e ofuscam nossos pontos comuns, que invariavelmente são os que realmente interessam.

Em 1993, um amigo alemão oriental me levou à antiga fronteira com a Alemanha Ocidental. O comentário dele me marcou para sempre: "Até 1989, o mundo terminava aqui". Isso vale para fronteiras mentais. Temos áreas que nem sequer cogitamos entrar em nosso pensamento, conversas que não queremos ter, pessoas que excluímos de nossas relações sem sequer conhecê-las, provocando perdas irreparáveis de aprendizado e sabedoria. Considero a adaptabilidade e a flexibilidade como virtudes bem superiores à conformidade com regras e *status quo*. A consciência de nossa adaptabilidade nos ajuda a entender o que separa nossos ideais de nossos sonhos irrealizáveis. Estar aberto a mudanças, por vezes drásticas, nos torna menos suscetíveis a decepções, tristezas profundas, euforia exacerbada e depressões. Ficamos também menos escravos de nossas próprias preferências.

As constantes viagens e as 9 mudanças de países me ensinaram que o exílio, no meu caso voluntário, não é simplesmente cruzar fronteiras. A mudança geográfica e cultural se torna parte do imigrante, nos transforma e nos faz sentir mais em controle do nosso destino. Os choques culturais e a necessidade de adaptação rápida, com critério e sem perder a própria essência, podem ser uma vantagem em um mundo em progressivas mudanças. É também um catalisador para o autoconhecimento. Estando longe de casa, vemos tudo ao mesmo tempo, como observadores e protagonistas.

Mundo árabe
Catar e Arábia Saudita

Catar

Na aproximação para o pouso em Doha, uma jovem ao meu lado no avião levantou-se para ir ao banheiro. Com longos cabelos bem cuidados, vestia calça jeans e camiseta. Poucos minutos depois, sentou-se novamente, e tudo que se via dela eram os olhos, coberta pela vestimenta feminina tradicional do Catar, a *Abaya*, e o *Niqab*, véu que cobre a face. A transformação não é só na roupa. Estamos pousando em uma monarquia absolutista, onde a Sharia é a principal fonte da constituição. Estive no Catar duas vezes, a trabalho. Foram passagens curtas, porém marcantes, nesse país que se tornou independente da Grã-Bretanha no ano que nasci, 1971.

Chamou-me a atenção a quantidade de estrangeiros, quase 90% da população de 2,8 milhões de habitantes. O estilo de vida é semelhante ao dos Emirados Árabes Unidos, porém com menos ostentação, uma pitada levemente maior de liberalismo, mais direitos e voto para mulheres, maior liberdade de imprensa, relativa liberdade de religião e a lei, ainda que baseada na Sharia, um pouco mais flexível que na maioria dos países da região. Não é à toa que a rede de televisão Al Jazeera escolheu o Catar como sede. Por sua relativa vanguarda, o país não é muito bem-visto pelos países islâmicos mais conservadores. Contudo, é melhor não se iludir muito com esse relativo liberalismo. A lei local ainda prevê chicotadas e apedrejamento para certos crimes, e o homossexualismo pode ser punido com a pena de morte.

Os estrangeiros que vivem no Catar, em sua maioria, são trabalhadores de baixa escolaridade, que procuram oportunidades melhores comparadas aos seus países de origem. São quase todos do Nepal, das Filipinas e de Bangladesh. Há mais nepaleses do que cataris no Catar. Existe, obviamente, uma divisão clara e brutal entre a classe mais abastada e a vasta massa de trabalhadores. Já no aeroporto, passageiros que viajam em classe executiva e primeira classe desembarcam em um luxuoso terminal, enquanto os demais passageiros se dirigem a outro terminal, separadamente.

Caminhei muito pela capital Doha, que concentra mais de 90% de toda a população do país. Visitei o então recém-inaugurado, moderno e rico Museu de Arte Islâmica. Projetado pelo arquiteto chinês Ming Pei e inaugurado em 2008, foi construído baseado em formas geométricas inspiradas no mundo muçulmano. O museu contém 14 séculos de arte, sendo a mais completa coleção de artefatos islâmicos do mundo. O agradável *Corniche, promenade* ao longo da baía de Doha, oferece mais de 7 quilômetros de calçadas e jardins, irrigados pela água dessalinizada do golfo pérsico. O tradicional Mercado Árabe (*Souq Waqif*) é uma experiência sempre interessante, com variados artigos do artesanato local, tecidos, especiarias e ótimos restaurantes. Gosto muito da comida árabe, em todas as suas variações. No Catar, ela tem forte influência da comida indiana e iraniana, deixando-a ainda mais rica em sabores. Nos restaurantes mais típicos, a comida é saboreada sem talheres, usando o próprio pão (*shawarma* ou *pita*) ou as mãos como colher, em grandes pratos, servidos no centro da mesa. Seguem-se sobremesas excelentes, quase sempre preparadas com tâmaras, mel e pistache. Em alguns restaurantes, observei que os funcionários preparam uma espécie de biombo ao redor da mesa para as mulheres, que podem ali levantar os véus e comer privadamente.

Em uma mistura de mesquitas, construções tradicionais e modernos arranha-céus no vasto distrito de negócios de Doha, os contrastes são os mesmos que vi em outros países da região do golfo. Há obviamente muita riqueza nessa península-país, sentado sobre a terceira maior reserva de gás natural do mundo. A maioria dos estrangeiros trabalha arduamente na construção civil e no setor de serviços básicos, com salários relativamente baixos e sem muitos direitos trabalhistas. No final de 2022, quando os torcedores sentarem nos modernos, confortáveis e climatizados estádios que estão sendo construídos para a próxima Copa do Mundo, seria bom lembrar, ao menos por um instante, que ali está cimentado sangue e suor de muitos trabalhadores de regiões pobres do planeta, que nem sempre estavam ali por pura opção.

No Catar, como nos Emirados Árabes, além do pesado investimento estatal, há muito capital estrangeiro, por vezes na forma de cidades inteiras no meio do deserto, com

ITÁLIA, Cremona - Estátua de Antonio Stradivari

ITÁLIA, Cremona
Catedral de Santa Maria Assunta
e Il Torrazzo

ITÁLIA, Florença - Local da execução de Girolamo Savonarola, Piazza della Signoria

ITÁLIA, Florença
Rio Arno e Ponte Vecchio

ITÁLIA - Vista de Florença e da Catedral de Santa Maria del Fiore

BOLÍVIA, 1991 - Mercado em La Paz

PERU, Macchu Picchu

DINAMARCA, Copenhague - com meus pais em Nyhavn

ESCÓCIA, Saint Andrews
Ruínas da Abadia de Santo André

RÚSSIA, Moscou - Praça Vermelha, Catedral de São Basílio e Muros do Kremlin

Torre Ostankino, Moscou
Escoltado gentilmente pela polícia local

RÚSSIA, Moscou
Vista do Kremlin e do Rio Moscou

Metrô de Moscou
Estação Kievskaya

RÚSSIA, Moscou
Catedral de São Basílio - Praça Vermelha

Zona de Exclusão de Chornobyl
Radar Duga-2

UCRÂNIA, Kiev

CHORNOBYL - Usina Nuclear Vladimir Lenin
Reator 4 - Novo Arco de Confinamento

PRIPYAT
Vista aérea parcial da cidade fantasma

UCRÂNIA, Kiev - Igreja de São Miguel

UCRÂNIA
Catedral de Santo André em Kiev

Panmunjon, na fronteira entre as Coreias
Área de Segurança Conjunta (JSA)

POLÔNIA - Campo de Concentração de Birkenau (Auschwitz II),
Trilhos de Acesso e Portal de Entrada

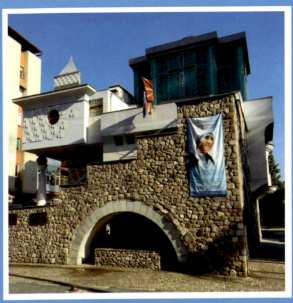

Museu e memorial de Madre Teresa De Calcutá

MACEDÔNIA, Skopje

VIETNÃ, Delta do Rio Mekong - Restaurante em ilha do Delta

VIETNÃ, Ho Chi Minh (Saigon)
Catedral de Notre Dame

VIETNÃ, Delta do Rio Mekong - Feira flutuante

LAOS , Vientiane - Arco Patuxai

LAOS, Vientiane - Cidade vista do topo do Arco Patuxai

CAMBOJA, Siem Reap - Templo de Ta Prohm

CAMBOJA
Templos de Angkor Wat

INDONÉSIA, Jogjacarta - Templo hinduísta de Prambanan

INDONÉSIA, Java - Templo budista de Borodubur

CATMANDU - Estupa de Boudhanath

CAZAQUISTÃO, Almati
Catedral da Ascensão

MONGÓLIA, Ulan Bator - Monastério de Gandantegchinlen no centro

MONGÓLIA, Ulan Bator
Monastério de Gandantegchinlen

NEPAL, Catmandu - Estupa de Boudhanath

SRI LANKA
Cidade e fortaleza de Sigiriya

BHAKTAPUR, Cerimônia de Casamento Simbólico

CATMANDU, Durbar

ISRAEL, Soldados israelenses na Praça do Muro Ocidental

ISRAEL
Muro das Lamentações em Jerusalém

infraestrutura completa e aguardando um único complemento: os habitantes. A fonte desses recursos, muitas vezes vindos da Rússia ou China, não é questionada pelo governo e deixa uma ponta de dúvida com relação à legalidade da origem do dinheiro.

Ultimamente, a monarquia capitaneada pela família Al Thani tem sofrido sanções dos vizinhos Emirados Árabes Unidos, Bahrain, Egito e, principalmente, do Reino dos Sauditas. Os motivos oficiais são as alianças políticas e a proximidade com o Irã e a Turquia. Na prática, há também um desalinhamento cultural, devido à relativa liberdade maior de expressão e religião do Catar. Os sauditas estão até mesmo cogitando construir um canal ao longo de toda a fronteira com o Catar, ameaçando transformá-lo em uma ilha totalmente isolada da Península Arábica.

A Copa do Mundo será realizada dessa vez no inverno do hemisfério norte, em novembro e dezembro de 2022, evitando assim as temperaturas de mais de 40 graus entre maio e setembro. Talvez as coisas mudem até o final de 2022, mas é bom levar na bagagem roupas longas. Ter pernas, ombros e braços à mostra, até mesmo para homens, não é bem-visto pelos súditos do Emir Tamim. Em um país onde tomar bebidas alcoólicas em público é um crime, veremos se os patrocinadores da FIFA terão a mesma influência que tiveram no Brasil para liberar o consumo de bebidas alcoólicas nos estádios, e quem sabe até fora deles.

A experiência cultural em países tão diferentes do nosso é sempre gratificante. Aqueles que deixarem um pouco de lado as atrações tipicamente ocidentais e o mundo à parte que está sendo criado para o Mundial, com certeza, enriquecerão com a cultura desse próspero, pequeno e interessante país.

Arábia Saudita

É difícil falar no Catar sem mencionar seu maior e mais poderoso vizinho e único país com quem faz fronteira, a Arábia Saudita. Mesmo tendo visitado outros países no Oriente Médio, o "Reino", forma simples com que o país é conhecido no mundo árabe, é, para mim, muito diferente e mais difícil de ser explicado e entendido. Na primeira viagem que fiz à Arábia Saudita, os primeiros minutos na chegada no Aeroporto Rei Fahd em Dammam trouxeram à tona o esperado abismo cultural.

Eu aguardava tranquilamente meu turno na longa fila de imigração do aeroporto, um pouco impressionado com o fato das centenas de mulheres por ali, sem exceção, estarem usando longos vestidos pretos e o niqab, véu que só deixa os olhos de fora. Eu não esperava nenhum percalço no processo de imigração. Graças à amizade e estreita relação entre Donald Trump e os mandatários da Casa de Saud, meu passaporte norte-americano estampava um raro visto de negócios de 5 anos.

Quando chegou a minha vez de ir até o balcão do agente, notei que, atrás de mim, estava uma mãe com um bebê de poucos meses no colo. Prontamente, ofereci que ela passasse à frente, certamente cansada pela espera e pelo peso da criança e da sacola que carregava. Assim que ela chegou ao balcão, notei o agente um pouco alterado. Em seguida, ele levantou e, em seu tradicional e alvo vestido árabe, conduziu os dois de volta à fila, me dizendo que era a minha vez. Ao explicar que eu havia oferecido que ela passasse à frente de forma voluntária, respondeu: "Não fazemos isto por aqui, senhor". Para não causar maior confusão, me dirigi, mesmo contrariado, ao balcão do agente. Eu estava sendo tratado educadamente, e até com certa reverência, mas, no fundo, profundamente constrangido pela situação daquela mãe. O agente seguiu com o protocolo, me pediu para olhar para uma câmera e, em seguida, me disse, com olhar sério, que havia um enorme problema. Em uma fração de segundo, se passaram pela minha mente imagens de prisões terríveis e confusões diplomáticas. Ante meu olhar apreensivo, ele respondeu: "O senhor não está sorrindo na foto que tiramos", e deu uma sonora gargalhada, ao que respondi com um sorriso amarelo. Ele me devolveu o passaporte e completou com a frase: "Americanos são muito bem-vindos no Reino". Logo atrás do balcão, outro funcionário estatal me pediu que escolhesse um livro, em um expositor repleto de literatura em várias línguas, sempre relativa ao Corão. Escolhi *Jesus e Maria no Corão*, que posteriormente li e, confesso, achei muito interessante, tanto na forma como no conteúdo.

Nas ruas, nos hotéis, escritórios, aeroportos etc., as enormes pinturas e fotos da família real saudita são onipresentes, sempre em destaque, mesmo em estabelecimentos privados. Fui alertado que se deve evitar tirar fotos em público e, obviamente, jamais tentar entrar em detalhes em assuntos como liberdade de imprensa, direitos humanos etc. A forte presença de imigrantes, mais de 90% dos trabalhadores no setor privado, não diminui a influência da religião em todos os lugares. Nessa teocracia islâmica que abriga as duas mais importantes cidades do mundo muçulmano, Meca e Medina, a religião permeia todos os aspectos, especialmente no que se refere aos costumes. Como em outros regimes totalitários, as comunicações e a Internet são fortemente vigiadas e censuradas. Bebidas alcoólicas, pornografia e carne suína são banidas, e a lei é o Corão e a Tradição de Maomé (*Sunnah*).

Por baixo desse véu religioso, nas veias do deserto escaldante, corre o ouro negro do petróleo, fonte de toda a riqueza e poder político, doméstico e internacional. Nos negócios, as relações são semelhantes ao mundo ocidental, porém com uma dose maior de relação interpessoal a que estamos acostumados. É preciso conquistar a confiança e o bom relacionamento para conseguir fechar qualquer negócio, mesmo na gigante estatal Saudi Aramco, considerada a empresa mais valiosa do mundo, com valor estimado em 10 trilhões de dólares.

Para países ricos e poderosos geopoliticamente como a Arábia Saudita, vizinhos e outros governos fecham um olho e se guiam pelo interesse econômico. Em um mundo globalizado, a riqueza saudita não se limita às fronteiras árabes. Hoje, os braços financeiros do Reino vão muito além da capital Riade, com participação em empresas, infraestrutura e até títulos de dívida pública no mundo todo.

Mesmo tendo conhecido esse país, me parece impossível entender todos os aspectos da cultura saudita, sempre nebulosa para olhos estrangeiros despreparados e com referências tão distantes nos costumes. Apesar disso, tento refletir sobre a essência humana, que sempre se revela nas relações *tête-à-tête*. Nas conversas informais com os sauditas, percebi muito interesse em aprender e entender. Esquecemo-nos que os súditos desse misterioso reino também nos veem como incógnitas. Nesse mútuo interesse, por trás de todos os véus reais e imaginários, existem muito mais semelhanças do que diferenças.

Terra Santa

Pouco antes do meu embarque em Londres, uma funcionária da empresa aérea israelense EL AL se aproximou com uma pergunta peculiar: "Qual é a origem do seu primeiro nome?" Seguiu-se um detalhado questionário, que, claramente, buscava alguma relação com países árabes ou muçulmanos. O nome Aidir é, coincidentemente, o nome de uma cidade na Líbia, o que explica a primeira indagação. Ao falar com a jovem agente, fiquei com a impressão de estar diante de uma mulher bíblica, com as feições marcantes que sempre imaginei nos povos do deserto. Minha bagagem de mão foi vasculhada pelos cordiais agentes, que fizeram uma discriminação aberta na seleção de quem seria revistado. Já no ar, foi servida uma excelente refeição, seguida de deliciosos doces tradicionais e tâmaras carameladas. Perguntei à comissária se eu poderia comer mais um daqueles doces, e a resposta foi imediata, "Sou uma mãe judia. Faço questão de que pegue quantos doces quiser". Antes de colocar os pés em solo israelense, fui apresentado a estes dois aspectos característicos da Terra Santa: vigilância e hospitalidade.

Desembarquei tarde da noite no moderno e amplo Aeroporto Ben Gurion, em Tel Aviv. A imigração foi rápida e sem perguntas. Tudo já tinha sido respondido em Londres. Solicitei que meu passaporte não fosse carimbado, o que impediria minha entrada na maioria dos países árabes. Recebi um papel separado do passaporte, com o carimbo de entrada. No saguão, escutei o familiar espanhol com sotaque argentino de Shimon Yogev, que me aguardava. Shimon nasceu em Buenos Aires e mora em Israel desde os 15 anos de idade. Eu o conheço há muitos anos, e o relacionamento profissional se transformou em amizade. De Tel Aviv, partimos diretamente para Ashkelon.

Palco das histórias de Sansão e Dalila, Ashkelon fica 56 km ao sul de Tel Aviv, na costa do Mediterrâneo. É um dos assentamentos ainda habitados mais antigos do mundo, fundado há mais de 5 mil anos. Era uma das cinco grandes cidades dos Filisteus nos tempos bíblicos (Juízes 14:19), e foi ali que Israel proclamou sua independência, em 1948. Pela manhã, avistei as belas praias e senti muita tranquilidade, apesar de estarmos a menos de 6 km da Faixa de Gaza. As ruínas na região central misturam um passado filisteu, grego, romano, bizantino e dos períodos de Cruzadas e domínio muçulmano.

No Hotel Dan Gardens, onde me hospedei, quase todos os hóspedes são policiais europeus, enviados pela Comunidade Europeia como observadores nas fronteiras de Gaza com Israel e o Egito. Conversei com alguns deles, italianos, espanhóis, finlandeses e franceses. Nos dias em que ali estive, iniciou-se uma das tantas crises com os palestinos de Gaza, que sequestraram um soldado israelense e atacaram regiões fronteiriças. A partir daí, as atividades dos observadores, que são desarmados, resumiram-se a relaxar na piscina do hotel e a assistir aos jogos da Copa do Mundo da Alemanha.

Dando início à agenda profissional, partimos para Barkan, no território palestino da Cisjordânia. A estrada e a região limítrofe são controladas por Israel, com *checkpoints* que se estendem bem além da fronteira, especialmente para veículos que entram em Israel. A empresa que visitei produz componentes de borracha e plástico para o setor automotivo, mas seu principal produto é a máscara antigás, obrigatória em todas as residências, hotéis e locais de trabalho em Israel. Os funcionários são israelenses, russos e palestinos, na sua maioria mulheres.

Como membro da reserva da Polícia Israelense, Shimon carrega consigo uma pistola automática. Em Israel, a cada duas pessoas, uma está armada. De volta a Ashkelon, jantamos em um dos restaurantes do pitoresco mercado árabe local, que existe há mais de 500 anos. A presença muçulmana é uma constante em quase todo o país.

Partindo de Ashkelon, a viagem de uma hora e meia atravessa as montanhas da Judeia, de onde logo se avista a maior cidade de Israel. Jerusalém é considerada a capital pelos israelitas, ainda que não seja reconhecida pela vasta maioria dos países, que colocam suas embaixadas em Tel Aviv. Na entrada da cidade, ficam muitos prédios do governo, incluindo os ministérios, o parlamento (*Knesset*) e o gabinete do primeiro-ministro.

O significado histórico e religioso da cidade, sagrada para as maiores religiões monoteístas do mundo – judaísmo, islamismo e cristianismo –, faz de Jerusalém um local vital de estudo, peregrinação e descoberta. As pedras brancas típicas da região, obrigatórias em todas as construções, estão, infelizmente, marcadas pelo sangue dos séculos de sua história. A espiritualidade, que marca a cidade, é também uma de suas desventuras. Essa saturação religiosa, contudo, não torna a cidade poluída espiritualmente. Pelo contrário, aumenta o fascínio de um dos maiores centros históricos em qualquer período da humanidade. Judeus seculares e ultraortodoxos, palestinos cristãos e muçulmanos, cristãos armênios, gregos, russos, católicos etc. colorem as eternas ruas da cidade, com seus trajes, seus costumes e sua fé.

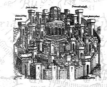

A cidade de Deus

Para entender o contexto histórico e a importância de Jerusalém, incluo aqui um apanhado cronológico de seus 5 mil anos de história, passando por 18 conquistadores.

3000 a.C. – Fundação da cidade, pelos canaanitas.

1000 a.C. – Conquistada pelo Rei David (II Samuel 5), que a estabeleceu como capital do reino de Israel. Seu filho Salomão construiu o primeiro templo, centralizando os sacrifícios rituais, e onde era mantida a Arca da Aliança.

933 a.C. – Morte do Rei Salomão. As tribos israelitas se dividiram entre os reinos de Israel e o reino da Judeia, que manteve Jerusalém como capital. Nos três séculos que se seguiram, o judaísmo e a identidade judaica foram desenvolvidos para a forma que conhecemos hoje

596 a.C. – O exército babilônico, liderado pelo Rei Nabucodonosor, cercou a cidade e sequestrou a aristocracia local. O primeiro templo foi destruído, e os judeus foram exilados para a Babilônia.

539 a.C. – Os persas, comandados por Ciro, tomaram Jerusalém e permitiram o retorno dos judeus. O segundo templo começou a ser construído e foi concluído em 515 a.C.

332 a.C. – Após mais de um século de paz sob domínio persa, Alexandre, o Grande, varreu os persas da cidade e iniciou a helenização da população.

198 a.C. – Os selêucidas tomaram a cidade, e o rei Antíoco proibiu as práticas do judaísmo, como o *Shabbat*, a circuncisão e a leitura da *Torah*.

164 a.C. – Judeus não helenizados se revoltaram e tomaram a cidade, liderados por Judas Macabeus. O Templo foi novamente santificado.

64 a.C. – O general romano Pompeu dominou Jerusalém, iniciando mais de seis séculos de domínio romano. Os romanos instalaram o rei Herodes, o Grande, filho de um pai judeu com uma mãe samaritana, fazendo-o rei da Judeia. Ocupou o trono até 4 a.C., e no seu reinado reconstruiu e expandiu o templo, incluindo a parede que hoje conhecemos como Muro das Lamentações.

6 d.C. – Os romanos passaram o poder para uma série de procuradores. O mais famoso deles foi Pôncio Pilatos.

66 d.C. – Os judeus se revoltaram contra Roma. O comandante romano Tito suprimiu a revolta, depois de 4 anos de luta, destruindo o templo, arrasando a cidade e mandando os judeus para a escravidão ou o exílio. Iniciou-se a vida dos judeus na diáspora.

135 d.C. – O imperador Adriano construiu uma nova cidade sobre Jerusalém. *Aelia Capitoliana* passou a servir como colônia romana. O formato que a cidade tem hoje foi criado com seus quadrantes divididos pelas ruas do *Cardo*

e *Decumanus*. Ainda se vê o que restou do *Cardo*, com suas colunas romanas. A divisão entre judeus, armênios, cristãos e árabes permanece até a atualidade.

331 d.C. – O imperador Constantino adotou e legalizou o cristianismo. Sua mãe, Eleni, visitou a Terra Santa para identificar e consagrar os lugares santos dos cristãos. Os imperadores que se seguiram construíram basílicas e igrejas que glorificam e celebram a herança cristã.

638 d.C. – O califa muçulmano Omar conquistou *Aelia*. O monte do templo foi devastado e reconstruído como centro de adoração dos muçulmanos. A Cúpula sobre a Rocha, banhada em ouro 24 quilates, foi construída em 691 d.C., no local do altar onde Abraão iria sacrificar seu filho Isaac. A adjacente Mesquita de Omar marca o lugar onde muçulmanos acreditam que Maomé iniciou a subida aos céus e é considerada o terceiro local mais sagrado do Islã, depois de Meca e Medina. Nessa época, judeus retornam à cidade sob o poder tolerante dos muçulmanos.

900 d.C. – Jerusalém caiu na mão dos egípcios. Os déspotas fatimitas, que governavam o Egito, destruíram todas as sinagogas e igrejas e saquearam o Santo Sepulcro.

1099 d.C. – O fechamento das rotas de peregrinação pelos muçulmanos motivou cristãos ocidentais a criarem as Cruzadas. Jerusalém foi tomada, e judeus e muçulmanos foram exterminados. O Reino Cruzado de Jerusalém durou 90 anos; os lugares sagrados dos cristãos foram reconstruídos, e os templos muçulmanos foram aniquilados.

1187 d.C. – Saladino (*Salah Ad-Din*), líder dos sarracenos, expulsou os cristãos. Muçulmanos e judeus retornaram à cidade.

1516 d.C. – Jerusalém foi tomada pelos turco otomanos, que ficaram no poder por 400 anos. O imperador Solimão construiu os muros da cidade.

1856 d.C. – O sultanato otomano editou o Ato de Tolerância, que permitiu todas as religiões. Imigrantes da Europa e da Rússia partiram para Jerusalém. A forte influência ocidental levou o sultão a nomear uma província independente em Jerusalém, com governador próprio (*pasha*) apontado por Istambul.

1917 d.C. – O exército britânico derrotou os otomanos. Judeus e árabes se ressentiram da presença dos saxões em Jerusalém. Durante a Primeira Guerra Mundial, os ingleses fizeram declarações separadas, prometendo a sionistas e aos árabes nacionalistas a soberania da cidade. No final, sob o nome de Palestina, a região permaneceu sob o domínio inglês, pelo mandado da Liga das Nações. Os conflitos entre árabes e judeus se intensificaram, culminando em uma guerra civil, entre 1936 e 1939.

1945 d.C. – Acabou a trégua entre judeus e árabes, com o final da Segunda Guerra, criando uma onda de violência e declarações relativas à incapacidade do Reino Unido para governar a Terra Santa. Presidida pelo brasileiro e gaúcho de Alegrete Oswaldo Aranha, a recém-formada Organização das Nações Unidas resolveu separar os estados árabe e judeu, fazendo de Jerusalém uma área internacional.

1948 d.C. – Com a saída dos britânicos, Jerusalém ocidental e o quadrante judeu foram cercados pelos árabes. A Jordânia dominou e dinamitou as sinagogas. A divisão da cidade entre Israel e Jordânia durou quase duas décadas.

1967 d.C. – Guerra dos 6 dias, que, na realidade, durou 60 dias. Israel capturou Jerusalém Ocidental, a cidade antiga e a Cisjordânia dos jordanianos. Os muros que separavam as áreas árabe e judia foram derrubados, e os árabes de Jerusalém começaram a viver sob o governo de Israel.
1987 d.C. – Primeiro levante palestino (*Intifada*). Iniciaram-se os conflitos sangrentos envolvendo o exército de Israel e o Hamas.

***

A parte histórica de Jerusalém está na chamada Cidade Antiga, ou muito próxima dela. Todos os seus principais pontos de interesse estão dentro de um raio de 1 quilômetro, cercados pela muralha dos otomanos desde 1542. Os muros da cidade têm oito portas, algumas delas com até 3 nomes diferentes, um cristão, um judeu e outro muçulmano. A porta dourada foi fechada pelos muçulmanos em 1600 e daria acesso ao pátio da Mesquita de Omar. Por ela, os judeus acreditam que passará o Messias (Ezequiel 44:1-3), que descerá do Monte das Oliveiras. O mítico e sagrado Monte das Oliveiras é tomado por túmulos de judeus, que creem que serão os primeiros a ser salvos quando o salvador por ali passar. Os demais portões da Jerusalém antiga são os dos Leões, de Herodes, de Damasco, de Jaffa, de Sião, o Portão Novo e o Portão do Esterco.

Entrei finalmente na Jerusalém antiga, pelo portão do Esterco, que tem um forte esquema de segurança por ser o acesso direto ao Muro das Lamentações e ao Monte do Templo, locais sagrados tanto para judeus como para muçulmanos. Na *Bíblia*, o monte é identificado como Monte

Moriah, onde Deus pediu a Abraão que sacrificasse Isaac (Gênesis 22:2). O primeiro templo foi construído pelo rei Salomão 10 séculos antes de Cristo e destruído por Nabucodonosor em 587 a.C., quando judeus foram presos e escravizados. O segundo templo foi construído em 516 a.C., após o retorno do exílio, e foi reconstruído e expandido no ano 20 a.C., com suas quatro muralhas de reforço. O muro do templo que estava mais próximo do chamado Santo dos Santos é o muro leste, o que faz dele o local mais sagrado do judaísmo. Durante a revolta dos judeus, em 70 d.C., os romanos saquearam Jerusalém e destruíram o templo. Os bizantinos construíram ali sua estação de esgoto, vindo daí o nome de Portão do Esterco.

O Muro das Lamentações tem 18 metros de altura acima do solo e foi a parte que restou do segundo templo. É assim chamado por ser o local onde os judeus choravam a destruição do templo. O muro, hoje, representa uma conexão direta com Deus. Nas fendas, entre os blocos de pedra, os judeus colocam bilhetes com seus pedidos. Existem mais de 20 metros de muro também abaixo do nível do solo, onde escavações ainda acontecem. Desde 1948, o muro, que era parte de uma rua estreita, está em uma ampla praça. Ali testemunhei alguns soldados israelenses fazendo seus juramentos, impressionado com algumas meninas sorridentes, de 17 ou 18 anos, empunhando suas metralhadoras M-16.

A parte do muro dedicada às mulheres é separada da dos homens, no lado direito. Para todos, a aproximação só é permitida com o uso do *kippot*, chapéu, boina ou touca que cobre a cabeça e representa o temor a Deus. No lado esquerdo, estende-se uma seção fechada do muro, chamada arco de Wilson.

Via Dolorosa

Localizado na parte noroeste da cidade antiga, o quadrante cristão tem, em seu centro, a Igreja do Santo Sepulcro, local da crucificação, sepultamento e ressurreição de Jesus Cristo. A chamada Via Dolorosa é o caminho percorrido por Jesus e sua cruz, do local de sua condenação, o Pretório, até o monte Calvário. Compreendendo as 14 estações da cruz, essa rota foi mapeada pelos cruzados e passou pelos quadrantes muçulmano e cristão. Próximo ao portão dos Leões, construído por Herodes, está o início da Via Dolorosa, marcado pela Torre de Antônia, local onde condenações aconteciam durante a festa de Páscoa, ou Passagem. Antes da primeira estação, visitei a Igreja de Santa Ana, mãe de Maria, e que marcaria também o local de nascimento da Mãe de Jesus. A igreja foi construída no tempo dos cruzados, sobre uma capela do terceiro século que sobreviveu ao período muçulmano, graças à escola islâmica que ali estava. No subsolo da igreja fica a gruta onde nasceu Maria, modestamente decorada com uma imagem e algumas flores.

No mesmo pátio externo está a piscina de Betsaida. Nesse local, Jesus curou um doente (João 5:2-9). As escavações mostram a profundidade da antiga igreja dos bizantinos. A cidade, na época de Cristo, estava vários metros abaixo do nível atual. O colégio de Al-Omariyyeh é a primeira estação onde Cristo foi condenado. Do outro lado da rua, entrei em um monastério franciscano. À esquerda, fica a capela da condenação, local da sentença de Jesus, marcando a segunda estação. À direita, está a capela da flagelação, onde Cristo foi açoitado por impiedosos soldados romanos. Continuando pela Via Dolorosa, passa-se embaixo do arco *Ecce Homo*, onde Pilatos, ao ver Jesus flagelado, pronunciou: "Eis o Homem!" A terceira estação fica em uma esquina e marca o local da primeira queda de Jesus. As pedras do local, grandes e irregulares, trazidas do nível subterrâneo em que estavam no tempo de Jesus, dão uma ideia do calçamento da época.

A quarta estação marca o local onde Cristo encontrou sua mãe. O lugar tem uma pequena escultura na parede e está a poucos metros da estação anterior. Alguns passos mais à frente está a quinta estação, onde a Via Dolorosa faz uma curva à direita. Nesse local, Simão Cireneu se ofereceu para carregar a cruz. Cinquenta metros à frente, vi o local em que Verônica secou o rosto de Cristo. É a sexta estação, com uma pequena e escura capela. O lenço de Verônica, com a imagem do rosto de Jesus, está em exposição no Patriarcado Ortodoxo Grego, também em Jerusalém. A sétima estação marca o lugar da segunda queda, na esquina com a Rua Khan az-Zeit. A oitava foi o local onde Jesus disse às mulheres de Jerusalém que choravam por ele: "Filhas de Jerusalém, não chorem por mim, chorem por vós mesmas e por vossos filhos" (Lucas, 23:28). A nona estação fica em uma igreja cóptica, e marca o lugar da terceira queda.

Após passar por um pitoresco mercado, avistei o portão de acesso da Igreja do Santo Sepulcro, onde estão as 5 estações restantes. A Igreja foi construída sobre o Monte Gólgota, também conhecido por Calvário, ou Monte da Caveira, no lugar determinado pela mãe de Constantino, no ano 326. Na época, Eleni coordenou as escavações que encontraram a tumba de José de Arimateia, o que confirmaria o local correto. Constantino construiu a igreja em 335, que foi destruída pelos persas em 614, reconstruída e destruída novamente pelos turcos em 1009. Parte da fundação permaneceu e é a base da atual Igreja do Santo Sepulcro, construída em 1149. Dessa vez, seus arquitetos resolveram construir uma basílica única, envolvendo todas as pequenas igrejas que ali estavam. Em 1852, conflitos entre as diferentes denominações cristãs provocaram a divisão da Igreja pelos governantes otomanos, entre a ordem católica Franciscana, os ortodoxos gregos, os ortodoxos armênios, os cópticos e os sírios. Uma pequena igreja, ao lado da basílica, pertence aos cristãos etíopes.

Sendo a morte e ressurreição de Cristo o cerne do cristianismo, a basílica é uma das construções mais reverenciadas do planeta, como o local onde Jesus morreu, foi sepultado e ressuscitou. A divisão da igreja, os incêndios e terremotos deixaram-na com um aspecto inacabado e, de certa forma, desorganizado, o que não tira em nada seu esplendor e sua importância. Na entrada está a pedra onde o corpo de Cristo foi ungido com óleos e preparado para o sepultamento. Um belíssimo mosaico adorna o local. Subindo as escadas, à direita, encontram-se duas naves pequenas. A primeira pertence aos franciscanos e marca a décima estação, onde Jesus foi despido, e da décima primeira, onde foi pregado na cruz. Belos mosaicos descrevem as cenas que ali aconteceram. A nave adjacente pertence aos ortodoxos gregos. É o local da crucificação, e décima segunda estação, marcado por uma cruz com a representação de Jesus em meio a centenas de lâmpadas a óleo, velas e flores. Entre essas duas estações, fica ainda a décima terceira, onde o corpo de Jesus foi recebido por sua mãe. Ali está uma imagem de Maria com uma adaga cravada no peito.

Descendo as escadas e passando novamente pela entrada da basílica, chega-se ao Santo Sepulcro, a décima quarta e última estação. A estrutura de mármore, cercada por enormes velas, fica embaixo da cúpula central da basílica principal. A entrada é bastante estreita, com uma antecâmara, a Capela do Anjo, onde um anjo anunciou a ressurreição de Cristo a Maria Madalena. Passando por um minúsculo vestíbulo, entra-se no Sepulcro, cercado por velas e guardado por padres ortodoxos gregos. No máximo 4 pessoas conseguem estar na pequena câmara, e o tempo de permanência é mínimo, dado o volume de peregrinos no local. Ajoelhei-me por um instante e, em seguida, fui convidado a me retirar. Sobre a pequena pedra de mármore dessa câmara, ocorreu o acontecimento mais importante da humanidade para os cristãos. É, sem dúvida, um local que mexe com as emoções de qualquer pessoa, cristão ou não. Atrás do Sepulcro, estão muitas tumbas escavadas, entre elas, a que José de Arimateia cedeu a Jesus.

O restante da igreja é um labirinto de capelas e corredores escuros, sempre tomados por turistas e peregrinos. As paredes de pedra são completamente marcadas por pequenas cruzes, deixadas pelos cruzados no início do segundo milênio. Cada uma representa um dos cruzados que, vindos da Europa, conseguiam chegar em Jerusalém. Em uma pequena capela abaixo do Calvário, vê-se uma fissura na rocha, que teria sido causada pelo terremoto que se seguiu à morte de Cristo. Diz-se que, em uma linha diretamente abaixo daquela fenda, está a tumba de Adão, por onde o sangue de Cristo teria escorrido para purificar o primeiro homem.

Monte de Sião

Saindo pela Porta de Sião, cravejada de balas desde a guerra de 1948, chega-se ao Monte de Sião. Nesse local, estão a tumba de David, o Cenáculo e a Abadia da Dormição. O Cenáculo, local da última ceia, é uma sala relativamente simples, que já foi usada como mesquita, situada logo acima da tumba de David. Do lado de fora, se avistam os sinais das três grandes religiões monoteístas: a Tumba de David, o minarete da antiga Mesquita de Omar e a cúpula da Basílica da Dormição. A imponente Abadia da Dormição marca o local da assunção de Nossa Senhora, enquanto dormia, ao céu. A cripta, com uma imagem de madeira da Virgem, é também o local onde os apóstolos e Maria teriam recebido o Espírito Santo, em Pentecostes.

Monte das Oliveiras

Situado a leste da cidade antiga, o Monte das Oliveiras tem várias igrejas, que celebram a entrada triunfal de Cristo em Jerusalém, seus ensinamentos, sua agonia e a traição, no Jardim das Oliveiras. A igreja no topo marca o local da ascensão de Jesus. Descendo o monte, a igreja do *Pater Noster* está onde Cristo passou muitos dos seus ensinamentos e onde recitou o "Pai-Nosso" pela primeira vez. O local, a céu aberto, possui a oração traduzida em 77 línguas nas paredes, muitas das quais eu nem sabia que existiam. Próximo à base do monte, está o *Horto Gethsemane*, o Jardim das Oliveiras. A Basílica da Agonia foi construída ali, no local onde Cristo passou sua última noite e onde foi traído pelo beijo de Judas. Uma pedra sob o altar seria o local onde Cristo chorou, enquanto os apóstolos dormiam.

No caminho de volta a Ashkelon, passei pela igreja de Emaús, no local em que Cristo apareceu aos discípulos após sua ressurreição. Ali perto está o monastério de Latrun, construído pela ordem francesa dos padres beneditinos trapistas, que vivem em autossuficiência. São também famosos por produzirem um vinho de alta qualidade, que pode ser comprado ali mesmo. O padre que me vendeu uma garrafa, e como os demais trapistas, fez voto de silêncio, soube ser simpático, mesmo sem dizer nada, apenas sorrindo.

Naquela noite, Shimon e sua família me brindaram com um lauto jantar no Moshav Kohav Michael, assentamento onde residem e onde produzem autênticas empanadas argentinas. Não existe nada melhor para sofisticar a perspectiva de um local do que conviver, mesmo que por poucas horas, em um ambiente familiar, onde se entende, com mais profundidade, as diferenças, mas, acima de tudo, as semelhanças no nível pessoal, que invariavelmente nos surpreendem e superam, em muito, o que eventualmente nos separa.

A paisagem bíblica

Nazaré e a Galileia

O pôr do sol da sexta-feira marca o início do *Shabbat*, o dia mais sagrado para os judeus. Aos mais ortodoxos, não é permitida nenhuma forma de trabalho, nem mesmo realizado por motores. Assim, para estes, não podem ser usados automóveis, telefones e máquinas. Bem cedo, no hotel, desci para o café da manhã pelo curioso "elevador do *Shabbat*". Como apertar botões violaria as leis do sábado, o ascensor está programado para parar em todos os andares. Saímos cedo de Ashkelon em direção a Nazaré, através da estrada que leva ao norte de Israel, beirando a fronteira com a Cisjordânia. Em vários pontos da estrada, avistam-se cidades palestinas, com muros altos e tristes sobre a fronteira.

No caminho, passamos pela cidade de Meguido. Tantos estudiosos da *Bíblia* como fãs do rock pesado já ouviram falar de Armagedom. O que poucos sabem é que esse campo de batalha do fim dos tempos (Apocalipse, 16:16) é, na verdade, o Monte Meguido (*Har Meguido*, em hebraico), a sudeste de Haifa. As escavações no local já descobriram 20 camadas de ruínas, que datam de 3500 a.C. a 500 a.C. Pouco antes de chegarmos a Nazaré, avistei, emocionado, o imponente e sagrado Monte Tabor.

Nazaré (*An-Nassra* em árabe, *Natzrat* em hebreu) é uma cidade predominantemente árabe, com trânsito caótico, ruas estreitas e um animado comércio. Há pouca relação com as imagens que costumamos associar à região, com igrejinhas, conventos e ovelhinhas pastando. Os árabes que vivem em Nazaré são 50% cristãos e 50% muçulmanos. A cidade é repleta de significado por ter sido o local onde Jesus passou sua infância com seus pais, José e Maria. A imponente Basílica da Anunciação marca o local onde a Sagrada Família viveu e onde o Anjo Gabriel anunciou a concepção de Jesus a Maria. Antes de entrar por suas imponentes portas de bronze, todos são alertados a cobrir pernas, ombros etc. Sob a fiscalização de padres franciscanos, até homens de bermudas são obrigados a usar uma espécie de cobertor sobre as pernas. O andar inferior é construído em torno da gruta da anunciação, onde missas constantes se sucedem, em várias línguas. Embora a igreja atual tenha sido construída em 1969, as ruínas do templo original, de 356 d.C., foram mantidas ao redor da gruta onde Maria disse seu "sim" à vontade de Deus. No andar superior, a igreja mostra várias representações de Nossa Senhora, enviadas por diferentes países, entre as quais a de Nossa Senhora Aparecida.

Atravessando a praça ao lado da basílica está a Igreja de São José, construída sobre uma caverna que teria sido a casa de José. No subsolo estão ruínas de uma residência judaica, inclusive com uma piscina para o banho ritual (*mikveh*, em hebraico). Para os ortodoxos gregos, a anunciação teria ocorrido em outro ponto da cidade, onde foi construída a Igreja de São Gabriel. No subsolo do templo ortodoxo, corre a água de uma fonte da qual, segundo a Bíblia, Maria estaria enchendo seu jarro no momento em que o anjo Gabriel a saudou. No centro do mercado árabe , no local da sinagoga onde Jesus pregou aos doze anos, está a Igreja da Sinagoga.

É uma pena que conflitos religiosos, geopolíticos, preconceito e noções erradas da ambas as partes tornem a convivência entre árabes e judeus uma tarefa tão complicada. Nazaré, com tanta história e expressão religiosa, é um lugar que reúne complexidades como tantos outros, do caos urbano à criminalidade e à pobreza, mas a cidade marca também pelo calor humano e pela hospitalidade, bastante típicos dos chamados Povos das Escrituras.

O Monte Tabor (*Har Tavor*), local da transfiguração de Cristo, fica a 20 minutos de Nazaré. Para chegar ao topo, com 588 m de altura, é preciso subir uma íngreme estrada em zigue-zague. No cume, sobre uma ruína bizantina do século VI, foi construída, em 1924, a Basílica da Transfiguração. No local, de acordo com a *Bíblia*, Cristo falou com Moisés e Elias, na presença dos apóstolos Pedro, Tiago e João (Lucas 9:28-36). Por ter chegado trinta minutos antes do horário de abertura, fui caminhar sozinho entre as árvores do monte, em oração e reflexão, enquanto admirava a vista de Nazaré e da região. Repeti o que disse Jesus naquela mesma passagem: "Aqui é bom estar". Antes de descer, visitei também a Igreja de Elias, construída sobre a Caverna de Melquisedeque.

O próximo destino foi o Mar da Galileia, ou Lago de Genesaré (*Kinneret*), alimentado pelo Rio Jordão. É a única fonte de água de Israel, por isso é muito bem protegida de sírios e jordanianos. Às margens do Jordão, visitei o lugar onde se crê que João Batista batizou Jesus, e que, lamentavelmente, se tornou um local excessivamente turístico. Uma espécie de brete foi construído nas águas do rio, onde as pessoas mergulham, simulando seu próprio batismo. Fiéis levam a água do local em garrafas plásticas e frascos e não se dão conta de que toda a água doce de Israel passou por ali. O Rio Jordão é bastante estreito, praticamente um riacho. Desemboca no Mar da Galileia, vindo das montanhas de Golam, e continua, ao sul, em direção ao Mar Morto, delimitando a fronteira com a Jordânia. Fiz o contorno pela parte leste do lago, passando ao lado das montanhas que foram palco de batalhas entre sírios e israelenses que lutavam pela região das montanhas de Golam. No almoço, saboreei o famoso peixe de São Pedro, pescado no encontro do Jordão com o Mar da Galileia.

Às margens do lago, em Tabgha, dois quilômetros ao sul de Cafarnaum (*Kfar Nahum*), cidade em que viviam a maioria dos apóstolos, duas igrejas lembram milagres descritos no novo testamento. A Igreja da Multiplicação dos Pães e Peixes marca o local onde Jesus, com cinco pães e dois peixes, alimentou uma multidão de 5.000 pessoas. Perto dali, a Igreja da Primazia de São Pedro celebra o milagre dos peixes, quando Cristo ordenou a Pedro, frustrado com a ausência de peixes, que atirasse as redes a cem metros das margens, que então retornaram abarrotadas com um abundante cardume.

Sempre que faço uma refeição com minha família, rezamos uma oração que aprendi com meus pais. Nela pedimos que Deus dê o pão a quem tem fome, mas que também dê sede de justiça a quem tem o pão. Com aquela oração em mente, que lembra de uma das bem-aventuranças, cheguei ao Monte das Beatitudes, onde Jesus proferiu o Sermão da Montanha (Mateus 5). O lugar tem uma vista espetacular do lago, dos campos e da cidade de Cafarnaum, logo abaixo. Uma igreja em formato octogonal, lembrando as oito bem-aventuranças, foi construída por missionários italianos em 1938 e inaugurada por Benito Mussolini. Nesse caso, o fascista acertou, mas, como lembra o ditado, até um relógio parado estará certo duas vezes por dia. No ano 2000, o Papa João Paulo II rezou uma missa no local para mais de um milhão de pessoas.

Afastamo-nos do Mar da Galileia em direção à costa do Mediterrâneo, passando pela cidade de Safed (*Tzfat*), considerada o centro místico da *Kabalah*. É sagrada para os judeus, que acreditam que o Messias passará pelo vizinho Monte Meron a caminho de Jerusalém. Alguns dias depois da minha visita, o local foi atacado por foguetes do *Hizballah*, vindos do Líbano.

No final da tarde, cheguei em Naharia, balneário paradisíaco na costa do Mediterrâneo. Jantei em um restaurante tradicional na rua principal da cidade, assistindo à emocionante partida entre México e Argentina pelo mundial da Alemanha de 2006. Caminhando de volta ao Hotel Carlton pela movimentada rua principal, notei um carro BMW conversível com dois jovens escutando música árabe a pleno volume, que aceleravam em um cruzamento, assustando as pessoas que atravessavam a rua. Ninguém protestou, ainda que fosse perceptível uma certa tensão.

Tenso, aliás, também era o clima nas fronteiras de Israel com seus vizinhos naquele verão de 2006, o que me fez dormir com a sensação ruim de que algo estava mesmo por acontecer. De volta em casa, naquela mesma semana, assisti com surpresa a uma reportagem da rede CNN que mostrava que Naharia havia sido pesadamente bombardeada pelos foguetes *Katyusha*, lançados do Líbado pelo *Hizballah*. O restaurante do Hotel Carlton, de onde era transmitida a reportagem, havia sido transformado em abrigo antibomba, ali mesmo onde, poucos dias antes, eu tomava o café da manhã tranquilamente.

Galileia ocidental e Haifa

De volta à agenda profissional, partimos cedo em um domingo para visitar um potencial fornecedor. Domingo é o primeiro dia de trabalho em Israel, seguido do fim de semana de sexta-feira e sábado. Localizado em um Moshav, espécie de cooperativa agroindustrial típica de Israel, nesse caso fundado por judeus curdos do Iraque, a empresa estava colada à fronteira com o Líbano. Além dela, a cooperativa se dedicava à criação de aves e produção de ovos. Depois da visita, caminhei até a cerca que delimitava a fronteira de Israel e de onde se sente o clima permanente de guerra. Várias posições do *Hizballah* e do exército israelense estão a poucos metros uma da outra, simbolizando uma bomba-relógio que não tardou a explodir. Na semana seguinte, a população do Moshav teve de ser evacuada às pressas.

Sobre a fronteira, visitei uma fábrica de vinhos e de laticínios de origem caprina. Provei os queijos, dos mais suaves aos mais curados, similares ao queijo parmesão, além de iogurtes e vinhos, tudo produzido em uma pequena fábrica. Em outra vinícola, a alguns quilômetros dali, degustei os vinhos galileus produzidos pela família de tunisianos judeus. Comprei a última garrafa de Cabernet Sauvignon da safra de 2003, o que pareceu ter uma importância especial para os proprietários. Menos de uma semana depois, aquela vinícola foi destruída por ataques libaneses.

De lá, saí em direção a Haifa, a terceira maior cidade de Israel e importante centro portuário do Mar Mediterrâneo desde os tempos bíblicos. No caminho, observei mais uma vez o que tinha notado nas várias cidades árabes pelas quais passamos. Bandeiras do Brasil predominavam nos telhados e janelas das casas, em função da Copa do Mundo. A equipe do Brasil parece ter essa preferência em todo o Oriente Médio, como um segundo time para torcer, depois de seu próprio país. É uma pena que os jogadores brasileiros não tenham honrado essa deferência, visto que apresentaram uma desmotivada atuação naquele mundial.

Em Haifa, visitei mais uma empresa, gerenciada por um judeu espanhol. A fábrica produz componentes de utilização militar, rodas de tanques de guerra, peças para foguetes etc. Logo ao lado está a empresa Rafael, um dos maiores e mais sofisticados fabricantes de mísseis de precisão do mundo. Na volta a Ashkelon, passei pelo Monte Carmel, onde morava o profeta Elias, reverenciado por cristãos, muçulmanos e judeus. É também o local de fundação da ordem católica dos carmelitas.

De volta ao hotel em Ashkelon, enquanto dormia naquela noite, a menos de 6 quilômetros palestinos atravessaram um túnel clandestino de Gaza até Israel, mataram dois soldados israelenses e sequestraram um terceiro, decretando o fim de um período de relativa paz de mais de 6 anos entre palestinos e judeus.

Bet Guvrin e Cavernas Soreq

A estrada cruza o deserto em direção a Bet Guvrin, parque nacional que inclui um impressionante complexo de cavernas e ruínas de 4 séculos antes de Cristo. Ali fica também a cidade bíblica de Maresha, uma das únicas fortificadas na Judeia. Escondidas nas entranhas das montanhas de Bet Guvrin estão vários columbários, tumbas e impressionantes cavernas, escavadas em forma de sino pelos gregos e bizantinos. Uma verdadeira cidade subterrânea com mais de 800 cavernas interligadas. A altura de cada uma chega a 30 metros, escavadas a partir de aberturas na superfície de menos de um metro de diâmetro.

Ainda na região, em Kyriat Gat, entre esses locais históricos e antigos, avistei um enorme centro de pesquisa e manufatura da empresa americana Intel, um investimento de mais de 10 bilhões de dólares destinado à fabricação de processadores eletrônicos. Arqueologia e tecnologia se entrelaçam frequentemente em todo o território israelense.

Mar Morto e a Fortaleza de Massada

Cruzei o deserto de Negev, com destino ao Mar Morto, conhecido pelos judeus como Mar de Sal. Sinais na beira da estrada vão indicando a altitude. A partir de Arad, iniciou-se uma abrupta descida até o ponto mais baixo da superfície terrestre, 400 metros abaixo do nível do mar. Como o nome diz, não há vida nessas águas, devido à altíssima concentração de sal, oito vezes acima da dos oceanos, causada pelo calor intenso e pela baixa altitude. O Mar Morto é um lago com 65 km de comprimento por até 18 km de largura, onde a única saída para a água é a evaporação. No dia em que estive lá, a temperatura era de 42 graus na sombra. Grandes fábricas de potássio e de seu explosivo subproduto, o magnésio, são visíveis na costa do lago. Do lado israelense, se avista ainda a costa jordaniana.

As águas densas, viscosas e límpidas do Mar Morto são medicinais e terapêuticas. Seu sabor amargo, que descobri por acidente em uma manobra aquática mal executada, é bastante desagradável. Seguindo o conselho dos locais, não me barbeei nesse dia, para evitar que cortes, ainda que invisíveis e imperceptíveis, tivessem sua dor intensificada pelas águas supersalgadas. No caso dos olhos, se forem atingidos, seguem-se alguns segundos de dolorosa cegueira. Um dos benefícios à saúde do Mar Morto é o fato de suas águas terem 10% mais oxigênio do que as do nível do mar, benefício explorado por dezenas de hotéis de luxo em sua costa, repletos de hóspedes em busca de cura e alívio para problemas de pele, artrite, inflamações nas articulações e outros males. Por outro lado, o clima desértico causa desidratação rápida, e beber água (doce!) o tempo todo é imprescindível. Flutuei na praia de Ein Bokek, comprovando que é impossível afundar. Basta levantar as pernas e pode-se boiar ou sentar sobre a água.

Percorri a costa do lago até as ruínas de Massada, um símbolo para a constante luta israelense pela terra prometida. A história de martírio que a Fortaleza de Massada presenciou invoca emoções conflitantes, de tragédia e triunfo. O sacerdote Macabeu e o Rei Herodes a construíram de 150 a.C. até 40 d.C., a 450 metros de altura, cercada por 610 metros de muralhas, planejada para ser autossuficiente em água, comida, vinho e mantimentos essenciais. Com a destruição do segundo templo pelos romanos e a revolta dos judeus em Jerusalém em 66 d.C., os zelotes se refugiaram em Massada, contando com mais de oito anos de suprimentos. Na ocasião, era o último reduto dos judeus em Israel.

Entre homens, mulheres e crianças, havia ali 967 judeus refugiados, que resistiram por cinco meses a milhares de legionários romanos que os cercavam. Os romanos, frustrados nas tentativas de tomar a fortaleza, chamaram seus melhores engenheiros, que concluíram que construir uma rampa até o topo da montanha seria a melhor solução. Para evitar que os construtores fossem mortos pelos defensores de Massada, os romanos forçaram escravos judeus a construírem a rampa, usando pedras e areia. Quando estavam quase atingindo o topo, uma torre de madeira foi levada até o cume e erguida durante a madrugada. O acesso à fortaleza estava pronto para a invasão.

Na manhã seguinte, os romanos entraram na cidade e encontraram um silêncio sepulcral. Durante a noite, os residentes, certos da derrota iminente e determinados a não se tornarem escravos, queimaram todos seus pertences, encheram a praça central de Massada com trigo e água, para mostrar que não morreriam de fome e sede, e se uniram em um suicídio coletivo. Os únicos sobreviventes, duas mulheres e cinco crianças, ficaram para contar a história dos mártires de Massada, também registrada pelo General Romano Josephus Flavius, como exemplo da escolha entre a escravidão e a morte.

Hoje chega-se ao topo de Massada por um bonde suspenso ou a pé, por escadas. As ruínas só foram descobertas recentemente, em 1963, e revelaram os depósitos de suprimentos, os palácios de Herodes, as enormes cisternas, as piscinas rituais e uma sinagoga. É hoje o local onde todos os soldados israelenses prestam seu juramento: "Massada não cairá novamente". A história dos zelotes judeus suicidas permanece como símbolo de coragem ou covardia, dependendo de quem a interpreta.

Tel Aviv e Jaffa

Tel Aviv está colada à localidade antiga de Jaffa (*Yafo*). É a segunda maior cidade de Israel, plena de construções modernas e imponentes. O Museu Eretz Israel tem várias exposições em diferentes pavilhões e uma exposição temporária dedicada ao Barão de Rotschild, que financiou a construção de boa parte de Tel Aviv.

Em 4 de novembro de 1995, uma multidão de israelenses estava reunida na praça dos Reis de Israel (*Kikkar Malkhei*

Yisrael), em apoio ao primeiro-ministro Yitzhak Rabin nas negociações de paz com os palestinos. O primeiro-ministro acenou para o povo e se retirou da praça. Todos cantavam cantos de paz quando uma bala atravessou o pulmão de Rabin e devastou o coração de um país inteiro. Pela primeira vez, um judeu matava seu próprio líder. No monumento erigido no local, as pessoas colocam flores e bilhetes. A maioria das notas ali diz: "*Shalom haver*" (Adeus, meu amigo).

Enxergar as paisagens bíblicas como realmente são acaba reorganizando mentalmente o que tínhamos na imaginação ao ler ou ouvir os textos do livro sagrado de judeus e cristãos, pelo menos no que se refere ao contexto geográfico, cultural e histórico. Pode até, por vezes, mudar radicalmente o significado e a importância de eventos que moldaram nossa formação e nossos conceitos.

Decolei de Israel com o sentimento de que qualquer preocupação com segurança é superada pelo fascínio dessa terra misteriosa que é, para muitos, solo sagrado. No meu íntimo, senti o que muitos já sentiram. Não se pode visitar a Terra Santa sem deixar um pouco de si nesse palco sangrento e, ao mesmo tempo, repleto de humanidade, amor e fé. *Shalom* Israel.

Mar infinito

"O passado é um país estrangeiro: lá, as coisas são feitas de forma diferente"
(Leslie P. Hartley).

Em 2015, em uma passagem por Copenhague, tive a alegria da companhia de dois preciosos navegadores, mestres com quem aprendi quase tudo sobre a arte e a beleza de velejar em mares incógnitos. Eu estava ansioso para mostrá-los a cidade onde, 24 anos antes, tinha vivido a primeira experiência de ancorar por longo prazo, com um oceano de separação do porto seguro familiar. Um trem nos levou até a Estação Ferroviária Central, a mesma em que eu havia desembarcado em uma ensolarada manhã do verão de 1991. Atrás deles, eu subi a escada rolante que liga a plataforma de desembarque à estação e avistei mais uma vez a imagem mais marcante daquele longínquo primeiro dia na Dinamarca. Como uma sensação de terra à vista, a bela estrutura em madeira do teto do antigo saguão se repetia, agora emoldurada pelas duas silhuetas que, para mim, representam o amor que constrói e mostra o norte, em tempestades e calmarias. Mais uma vez, senti a mão daquele jovem de 20 anos que estava ali há muito me esperando. Em minha alma, ele também sorria, na companhia daqueles que traçaram nossa primeira origem em um mapa de vastos oceanos e incríveis possibilidades.

Caminhamos pelas ruas dos arredores da estação, modificadas pelo tempo e, mesmo assim, tão familiares. Próximo de onde eu morava, passamos por um restaurante italiano onde, mesmo sem nunca ter entrado, era tentado todos os dias pelos pratos apetitosos que via pelas janelas. Contei aquilo aos meus pais, e minha mãe replicou: "então já sabemos onde iremos almoçar". Um ciclo se completou, realizando um sonho, nutrido por quase um quarto de século, de estar na melhor companhia na cidade onde, na prática, minha navegação solo havia começado. Um mapa importante que se completava, trazendo à tona todo o percurso, com esforços para encontrar as melhores rotas e seguir em frente, enfrentando tormentas, desvios indesejados, as calmarias angustiantes quando parecia que o avanço era impossível e a silenciosa serenidade dos momentos em que destinos e objetivos eram alcançados.

Navegamos por vezes no escuro, com pouquíssimas referências, equipamento inadequado e, amiúde, com medo de naufragar. Seres humanos, como embarcações, têm uma série de limites. O corpo, a necessidade de alimentação, o limiar dos cinco sentidos, a dependência de oxigênio, a estreita faixa de temperatura que permite a sobrevivência, as dores, o cansaço, o decaimento natural e toda sorte de demandas psicológicas, intelectuais e espirituais que fazem parte da natureza. Restritos até mesmo pela incapacidade de entender a própria existência, em uma espécie de confinamento onde enxergamos uma parte muito pequena da realidade e daquilo que representamos em um universo virtualmente infinito.

Paradoxalmente, apesar das limitações, temos um enorme potencial criador. Movidos por frequentes sinais e vislumbres, percebemos que algo maior precisa existir e que podemos formar um mundo melhor em nosso mar sem fim. Carregamos mapas únicos, com mistérios indecifráveis, que, esperamos, façam parte de uma cartografia mais abrangente, em um harmonioso quebra-cabeça. Esse potencial criador torna-se especialmente latente quando nos defrontamos com alguma situação adversa, emoção forte, realização intelectual e nos momentos em que deixamos a realidade se sobrepor ao ego, nos enxergando plenamente. Superado o medo do autoconhecimento, descobrimos que, em nossa autenticidade, somos superiores, vencendo a nós mesmos e nos aproximando do que alguns chamam de Deus, nirvana, paraíso, dentre tantos outros nomes e definições, nomenclatura irrelevante na imutável geografia da verdade.

Protegidos na consciência, eus temporais e geográficos vão se acumulando. Desde a tenra criança que fomos, seguem nos encontrando e nos acompanhando durante a viagem. Independentemente de causarem alegria ou dor, são passageiros que nos fazem evoluir quando a soma da esperança e realização de cada um se transmuta no que somos, em uma entropia contínua que não podemos deixar de alimentar, como vento a favor em nossas velas. A maturidade e a aproximação inexorável do fim remetem a estar mais próximos de quem fomos e somos e, mesmo que só mentalmente, de todos os navegadores que amamos. Nesse mar infinito, ao deixarmos para trás cada lugar, pessoa e a nós mesmos, jamais voltaremos.

Parafraseando Heráclito, em cada retorno, na verdade, encontramos um novo destino e nos damos conta de que não somos a mesma pessoa. O que escrevi não são relatos puramente geográficos, mas, principalmente, narrativas existenciais e temporais. Os mapas seguirão mudando, em uma viagem que só acaba com o derradeiro naufrágio ou, quem sabe, nem assim. Não deixamos, contudo, de regressar às origens em certos aspectos fundamentais e imutáveis, sobretudo naquilo que envolve relacionamento humano, contato direto, empatia e solidariedade. Nascemos na espécie mais desenvolvida do planeta, que se percebe dominante. O que mais nos diferencia das demais é a autorreflexão, essa tentativa eterna de entender quem somos e como nos relacionamos. Esse é o presente que recebemos, fagulha divina que nos faz especiais.

Quando saímos do modo automático, temos a oportunidade de encontrar e entender quem somos neste espaço e tempo infinitesimais em que vivemos. Desse modo, parece que o processo de construção de nossos mapas e a definição de rotas e destinos parece ser um fim, bem mais do que um meio. Nosso estágio de evolução, de forma coletiva e global, é fantástico em muitos aspectos, porém ainda está enormemente afastado da plenitude da capacidade humana, cujo entendimento parece ser tarefa incomensurável e inatingível no tempo que vivemos, mas assim eram também os oceanos além do cabo do Bojador antes das viagens dos descobrimentos.

Aqui ficaram relatos de alguns mapas, viagens e descobertas, nesta navegação contínua, mesmo quando fisicamente imóvel, sempre em busca de mais e em busca de mim. Ficam para as próximas coleções cartográficas muitos outros destinos e rotas. Os períodos em que vivi na Escandinávia, Alemanha e os mais de 20 anos entre Estados Unidos e Reino Unido, bem como experiências e jornadas do norte ao sul da África, Europa Ocidental e Central, Américas, estadas insulares no Japão, Islândia, Filipinas, as dezenas de viagens à irrefreável China e ao fascinante subcontinente indiano. Enriqueci o espírito explorando o mundo de terras firmes e viajantes de valor, e ainda há tanto a ser cartografado. Navegar pelo mundo, longe ou perto, não como turista, mas como explorador, com olhos e coração abertos, é sempre uma oportunidade ímpar de construir mapas, que, muito além da geografia, descortinam o rico, incógnito e ilimitado oceano do espírito humano.

Agradecimentos

Aos meus pais, a quem dedico este livro com todo meu amor, e aos meus irmãos, André e Ligia.

À minha esposa, Nina, e aos espetaculares Andrew e Beatrice, que me dão o apoio, o carinho e o amor que sempre sonhei ter.

Aos amigos fraternos de toda uma vida: Emerson Schaefer, Carlos Kaercher e Geraldo Göttert. Nossa amizade, cultivada em tempos bons e ruins, sempre traz segurança e tranquilidade.

À amiga Fabiana Piccinin, que mais que revisar incansavelmente os textos, mergulhou neste mar incógnito, me estimulando a completar este livro e contribuindo sobremaneira para enriquecer a narrativa.

À querida amiga Martha Medeiros, pela generosidade da apresentação, pela inspiração, pelo carinho e pela amizade.

Ao professor Elenor Schneider, pela apresentação e pelo estímulo à leitura, desde minha adolescência.

Aos amigos André Jungblut, Romar Beling, Rodrigo Sperb e toda a equipe do jornal *Gazeta do Sul*, pela publicação de minhas crônicas de viagem.

Aos amigos Florência Costa, Gustavo Nunes Leal e Elena Zelenskaya Westerdahl, pelo suporte em uma Rússia em transição, representando aqui as inúmeras pessoas que me ajudaram e com quem tanto aprendi em mares e portos mundo afora.

Aos queridos Maitê Cena, Marco Cena e toda a equipe da BesouroBox , que, em meio às dificuldades de uma pandemia, ajudaram a materializar esse sonho com muito carinho, cuidado e talento.

Nesta página está resumido meu maior tesouro.

Só o amor fica intacto, todo o resto se dilui no oceano do tempo.

Países visitados até a publicação deste livro

África do Sul, Alemanha, Andorra, Angola, Arábia Saudita, Argélia, Argentina, Áustria, Bélgica, Bolívia, Bósnia e Herzegovina, Brasil, Brunei, Bulgária, Cabo Verde, Camboja, Canadá, Catar, Cazaquistão, Chile, China, Chipre, Chipre do Norte, Colômbia, Coreia do Norte, Coreia do Sul, Costa Rica, Croácia, Dinamarca, Egito, Emirados Árabes, Escócia, Eslováquia, Eslovênia, Espanha, Estados Unidos da América, Estônia, Filipinas, Finlândia, França, Gana, Gibraltar, Grécia, Hong Kong, Hungria, Ilha de Man, Índia, Indonésia, Inglaterra, Irlanda, Irlanda do Norte, Islândia, Israel, Itália, Japão, Laos, Letônia, Liechtenstein, Lituânia, Luxemburgo, Macau, Macedônia ,Malásia, Malta, Marrocos, México, Moçambique, Mônaco, Mongólia, Montenegro, Nepal, Nigéria, Noruega, Omã, País de Gales, Países Baixos, Palestina, Panamá, Paraguai, Peru, Polônia, Portugal, República Dominicana, República Tcheca, Romênia, Rússia, São Marino, Senegal, Sérvia, Singapura, Sri Lanka, Suécia, Suíça, Tailândia, Taiwan, Turquia, Ucrânia, Uruguai, Vaticano, Venezuela, Vietnã.